中华先贤人物故事汇

王安石

石继航 著

中华书局

图书在版编目（CIP）数据

王安石/石继航著. —北京：中华书局，2020.9（2025.6 重印）
（中华先贤人物故事汇）
ISBN 978-7-101-14427-7

Ⅰ.王… Ⅱ.石… Ⅲ.王安石（1021~1086）-生平事迹
Ⅳ.K827=441

中国版本图书馆 CIP 数据核字（2020）第 032546 号

书　　名	王安石
著　　者	石继航
丛 书 名	中华先贤人物故事汇
责任编辑	林玉萍　董邦冠
美术总监	张　旺
封面绘画	张　旺
内文插图	黄星建　黄梧峰
责任印制	管　斌
出版发行	中华书局
	（北京市丰台区太平桥西里 38 号　100073）
	http://www.zhbc.com.cn
	E-mail:zhbc@zhbc.com.cn
印　　刷	三河市宏达印刷有限公司
版　　次	2020 年 9 月第 1 版
	2025 年 6 月第 7 次印刷
规　　格	开本/787×1092 毫米　1/32
	印张 5⅜　插页 2　字数 50 千字
印　　数	23001-26000 册
国际书号	ISBN 978-7-101-14427-7
定　　价	22.00 元

出版说明

孔子周游列国，创立儒家学说；张骞出使西域，开辟丝绸之路；书圣王羲之，留下了曲水流觞的佳话；诗仙李白，写下了"举头望明月，低头思故乡"的名篇；王安石为纠正时弊，推行变法；李时珍广集博采，躬亲实践，编撰医药学名著《本草纲目》……

这些杰出的历史人物，有的是在中华民族文明进程中做出过突出贡献、对后世产生过巨大影响的思想家、政治家，有的是对中华优秀传统文化的传承传播发挥过重大作用的文学家、艺术家、科学家，有的是为国家安定统一、民族融合团结和中外文化交流做出过杰出贡献的军事家、外交家……他们为中华民族的繁荣发展做出了伟大的贡献，他们的行为事迹、风范品格为当世楷模，并垂范后世。

他们是中华民族的先贤人物。他们的思想、品德、事迹，是中华优秀传统文化的结晶。他们的故事，是对中华民族的禀赋、特点和气质最生动、最鲜活的阐释。他们的名字，在五千年中华文明史上最为光彩夺目。他们为五千年中华文明史书写了最为光辉灿烂的篇章。

为了解先贤，走近先贤，我们精心组织编写了这套《中华先贤人物故事汇》丛书。以详实可靠的史料为依据，以细腻动人的故事为载体，真实地呈现中华先贤人物的事迹、品格和精神风貌，彰显他们的贡献和功绩，以激发人们对国家民族的热爱，对中华文明、中华优秀传统文化的崇敬。

开卷有益，期待这套丛书成为你的良师益友。

目 录

导 读

　　王安石（1021—1086），字介甫，号半山，抚州临川（今江西抚州）人。庆历二年（1042），年轻的王安石进士及第。他抱着做一番事业的决心，不求仕途腾达，却期望将自己的政治才能发挥到地方州县，就此积累经验。于是他主动放弃京官之职，在出任淮南判官后，又主动要求外放到偏远的地区，历任鄞县知县、舒州通判等职，在这些地方，他逐步实践了自己的政治构想，政绩显著，为百姓所称道。

　　之后，王安石被朝廷委任为提点刑狱等职务，工作上也卓有成效，政声远播。宋神宗继位后，王安石得到重用，开始了他一生中最重要的事业——熙宁变法。在宋神宗渴望富国强兵、中兴宋朝的情形下，他的变法方案得以推行。熙宁二年（1069），王安石任参知政事，次年拜相，全面主持和推行变法，包括青苗法、募役法、方田均税法、农田水利法、市易法、均输法等。

然而，朝野上下的守旧派，有不少的反对声音，新法在推行时遭到了歪曲和抵制。在以曹太后为首的守旧派反对下，熙宁七年（1074），王安石被罢相；一年后，被宋神宗再次起用，但在吕惠卿等人的干扰下，旋又罢相，退居江宁。神宗去世后，保守派重新得势，新法被全面废止，王安石郁闷之下，病逝于钟山，追赠太傅。

在文学上，王安石也成就极高，他的散文论据严密，峻切精悍，逻辑性和实用性强，说服力高，是政论文的典范，名列"唐宋八大家"当之无愧；他的诗歌含蓄深郁、娴于典故，在北宋诗坛独具一格，自成一家，世称"王荆公体"。其词作虽然不多，但也有《桂枝香》等名作传世。

无论是在宋代政坛还是宋代文坛，王安石无疑都是一个重量级的人物。他所主导的熙宁变法，是中国历史上为数不多的变法图强的事件之一，虽然新法在推行中也出现了一些失误，而且在守旧势力的反对下最终归于失败，然而，王安石不畏天变、不法祖先、不恤人言的变革创新精神，还是非常值得我们尊敬的。王安石这个名字，也必将光耀史册，在历史的天幕中熠熠生辉。

獾郎出世
——少年意气强不羁

1

宋仁宗明道二年（1033），一只顺风满帆的江船正沿着赣江北上，时值暮春，两岸杂花生树，百鸟啼啭。青山隐隐，舟行景移，如展开一幅巧夺天工的巨幅图画。

船头上坐着一个十来岁的少年，他对周边的美景视若不见，只是抱书诵读，琅琅有声。

这是十三岁的王安石。因为祖父去世，他随父兄一起从广东韶州回江西临川奔丧。

眼见日色将暮，父亲王益走过来轻拍了一下他的后背，说道："安石，回舱吃饭了，读了一天

少年王安石在船头读书。

书，也不嫌累?"

王安石恋恋不舍地收起书本，来到舱中，只见大哥王安仁和二哥王安道正在分题吟诗，见他进来，大哥王安仁就叫道:"安石，父亲经常说你有七步成诗之才，也来和我们一块吟诗吧。"

见王安石只是笑而不语，二哥王安道嚷道:"怎么，难道是你怕了不成?"

这一下激起了王安石的傲气，他见小弟王安国正伸手要换掉燃得只下半寸高的残烛，当下昂然说道:"请兄长出题，安石必在此烛燃尽之前吟成，若不然，可罚我抄书十册。"

父亲王益性子极好，见孩子们以诗文为戏，当下也不多言，只是捻须微笑。

王安道却说:"抄书十册? 这事罚别人倒是可以，但安石老弟你却不同，你一向以读书写字为乐，罚你抄书，恐怕是正中下怀啊。"

王安仁也笑着说:"我前天刚读了一则叫'罚人吃肉'的故事，说唐朝有个叫李载仁的糊涂官，最恶心吃猪肉。有一天，手下有两个仆人打架，他十分恼火，于是让人取来猪肉、大饼，罚这两人吃，一面还狠狠地说：'以后如敢再犯，猪肉里还要多多放油！'"

讲完此事，大家都是哄然大笑，连王安石也不禁莞尔。

这时王益说道："那就罚安石洗衣洒扫，在这舟中充十日之役。"

兄弟们轰然叫好。王益却接着说道："尔等且莫先欢喜，如若安石吟出诗章来，那这十日之役，就归你们分担。"

几个兄弟一听，当下都噤口不言，小弟王安国说道："是大哥、二哥他们起的头，我可没参与，不关我的事。"

却听二哥王安道驳道："你没参与？刚才叫好时，你跳着脚喊，叫得最响，这可跑不了你。别怕，你看咱们一拖延，这蜡烛眼见就烧没了。"

这一下提醒了王安石，他急忙问道："那兄长刚才所吟的是何题目？"

王安仁性子方正，也不故意拖延，当下说道："我们刚才吟的诗题是岁寒三友，松、竹刚才都吟过，剩下的梅，你来题咏吧。"

眼看那残烛之焰，摇摇晃晃即将燃尽，小弟王安国突然灵机一动，他悄悄将船上的帐幕揭开一道口子，只见一阵江风急吹入船，那半寸残烛一下子就灭了。

众人愕然，王安国正想开口说蜡烛已灭，王安石输了，却听王安石朗声说道："父亲，二位兄长，诗已经有了。"

春半花才发，多应不奈寒。
北人初未识，浑作杏花看。

听王安石吟出这四句，大哥王安仁首先叹道："三弟真是奇才，寥寥二十字，胜我等千章百句，我们刚才每人写了一首排律，如今看来，和你这首一比，简直是池洼比于沧海，萤火见于日月。"说罢，他伸手将刚写的两首诗作揉成一团，扔在地上。

王安石忙说道："兄长过谦了，安石只是偶得佳句罢了，况且吟风弄月之事，于天下苍生无补，我等读书报国，当以修身、齐家、治国、平天下为务，诗词亦末事矣！"

父亲王益一听，赞道："你倒是说说，如何读书报国？"

王安石侃侃而谈："读书在于明理，在于致用。如果死读书，做一个四脚书橱，于国于民何用？读书做官，为的是造福万民，匡扶社稷。依我看，有些官员空言误国，尸位素餐，实为窃禄之贼。"

王益听来，颇有些惊讶，这孩子只有十三岁，怎么就悟出这么多的道理，比有些大人还明白。

他不禁回想起十三年前，王安石出生的那一日。

2

宋真宗天禧五年（1021），王益正在江西临江做一名判官，这一日，北风忽起，阴云密布，天气骤冷。而续娶的妻子吴氏怀胎十月，即将临盆。

王益忙命人生起炭火，又将本地最有名的稳婆请来，哪知吴氏从早上就腹痛，一直到晚间，还没有将婴儿生下来。王益急得额头冒汗，遵照稳婆的嘱咐，买了黄表纸和楮镪（纸钱）在"送子观音"和"注生娘娘"的像前烧化，但还是无济于事。

稳婆见他焦急，当下劝道："夫人是头一胎，难产也是常有的事，老爷不必过于焦急。"

王益追问道："果真无事吗？怎么我前妻徐氏那时候生产却没有这样难？"

稳婆答道："妇人生产，不要说人人不同，每一胎也不一样，俗话说：'生产没有惯家'，就是说女人不管生第几胎，也难免会遇到难产的情况，这不是木匠、瓦匠做活，做多了就熟练。每次生孩子，就是过一道鬼门关，全靠个人运气，我们家乡有句话叫'有福吃鸡公，没福钻泥洞'。"

听了稳婆这番话，王益更加惊惶不安，但稳婆随即把他赶了出去，说："老爷在前厅等一会儿吧，有阳气冲撞，孩子也不容易出世。"

王益无奈，只好走出内室的房门。他在前厅桌上假寐了一小会儿，就走到庭院里踱步，突然见草丛中一阵响动，一团白影钻了出来，王益定睛一看，似乎是一只白獾，只见它纵身一跃，就从西侧的窗户跳入了内室。王益大惊，忙往里走，刚到内室门口，就听见一阵清亮的婴儿啼哭声。一个仆妇跑出来，差点和王益撞了个满怀，她喜气洋洋地说："老爷，夫人生了，是个小子，大胖小子！"

王益心中大喜，问道："夫人可好？"

仆妇答道："夫人没事，母子平安。"

王益边说边冲进了内室，又问道："那只白獾呢？"

吴夫人和稳婆都摸不着头脑，稳婆奇道："什么白獾？老爷敢情是看花了眼吧？"

她一边说着，一边将包裹好的婴儿递到王益手中。

王益端详着手中的婴儿，只见他生得十分可爱，此时已停止了啼哭，他恍然笑道："小家伙，难道你就是那只白獾投生吗？也算是个异人了，将来必有一番作为。"

吴夫人笑道："夫君给孩儿取个名字吧。"

王益略加思索，当下说道："安石不出，奈苍生何？（谢安不出来主持国家大事，老百姓可怎么办呢？）东晋谢安石，是有名的贤相，我家这个獾郎，就叫王安石吧！"

3

晚饭之后，几位兄长和小弟都归舱安睡，王安石却独自走上船头，把白天读过的书再默诵一遍。

王益走上船头，给瘦弱的王安石披上一件衣服，然后说道："吾儿读书不要太辛苦，看你废寝忘食，这身体也要在意一些啊！"

王安石答道："父亲勿忧，孩儿读起书来，如饮甘饴，越读越是精神旺盛，一点儿也不累。"

王益摸了摸他的头，以示嘉勉，然后抬头望着空中的皎皎月轮，说道："我们王家本是太原人，但不知何年何故，迁到这江西临川，如今也有几百年了吧，你的叔祖父进士及第，官至尚书省的主客郎中，可谓是光耀门楣了。为父不才，也在二十二岁那年中了进士，只是这些年来一直屈居下僚，不能将报国之志尽情施展啊！"

王安石望着父亲两鬓有些斑白的头发，想到父亲这几年来身体一直不好，经常咳嗽中带出血丝，不禁慨然说道："父亲放心，孩儿一定不负嘱望，力争金榜题名，做一个为国效力，光大咱们王家的好儿郎！"

王益点头，又问道："你口中默念的，是哪本书的哪一章啊？"

王安石答道："孩儿今天下午一直读的是司马迁《史记》中的《货殖列传》。"

王益有点好奇，问道："科举考试主要是考经书，我儿博览群书，当然也是好事，但不要荒废了科业。"

王安石答道："父亲放心，那些经书我也经常温习的，不过我私下觉得，只考经书，其实弊端很大。我觉得治国的基础在于理财，管子曾经说'仓廪实而知礼节，衣食足而知荣辱'，像我大宋虽然地域广大，物产极丰，但是四方百姓却依然穷困潦倒，有的人为了生存不得不为匪为盗。我常想，正是执政者不通世务、不擅理财而致。我看《货殖列传》中，计然教越王的计策中说：'贵上极则反贱，贱下极则反贵。贵出如粪土，贱取如珠玉。财币欲其行如流水。'真是至理名言！大家都知道越王吞吴，范蠡功高，但计然的富国之策，又岂能忽视？有些文人自命清高，耻于谈论商贾之事，其实大谬不然，就像我们在广东韶州见到的众多柑橘，如果能大量贩运到中原，岂不两地获利？但路上却关卡众多，赋税极重，令百姓畏惧，不敢长途贩卖。韶州的柑橘大量烂掉，中原地区的柑橘出奇的贵，这不是白白损耗财富吗？我将来若执掌大权，必建议朝廷成立一个机构，专门四处贩贱鬻贵，既便民，又利国。"

王益见年方十三岁的小安石竟然有此等见解，不禁暗暗点头，但又觉得少年锋锐之气太盛，当下说道："你这番话也挺在理，不过不要随口在长辈面前乱说，尤其不可说商贾之辈不比那些缙绅宿儒们差，这样他们会不高兴的。"

王安石却圆睁双眼，不为所动，他坚持说："父亲不是经常教导孩儿要明辨是非吗？长辈需要尊重，但不能因迁就他们而混淆是非。我觉得，万物抬不过一个理字，如果有理，就算是砍柴放牧的乡农说的也要遵循，如果没理，就算是周公孔圣的言语，也不能信从。"

王益深知这孩子别的都好，就是这倔牛般的脾气，实在是训不过来，索性不再强迫他，指着远处的灯火说道："看，临川城的灯火已经遥遥在望了，明天一早，我们就回到老家了。安石，这是你第一次回到我们王家祖地。"

王安石望着远方依稀的城楼灯火，点了点头，心中默默地下了决心："一定要金榜题名，衣锦而归，不辱祖宗！"

其时，好风如水，明月如霜。

名动京城

——托名华榜有新诗

1

庆历二年（1042），二十二岁的王安石从江宁府（今南京）乘船远赴汴梁（今河南开封）应试。此时春风骀荡，煦暖怡人，王安石却独立船头，眉头紧锁，一点儿也兴奋不起来。

对于应试，王安石早已做好了充足的准备，他酷爱读书，经史子集几乎烂熟于心，就算考官再怎么出刁钻古怪的难题，他也自信有把握答出来。

然而，此时他想到了三年前去世的父亲。王益在建康府通判任上患了急病，竟然一卧不起，溘然长逝。临终前，父亲已气若游丝，说不出话来，他只是握着王安石的手，用期许的目光看着他，眼神中充满了期待和勉励之意。

想到此处，王安石不禁心中大恸，即便是他能金榜题名，高中魁首，父亲也无法亲眼看见这一切，分享这一切了。

来到汴梁城门口，他就见到老朋友曾巩正在翘首等候。

曾巩也是江西人，和王安石是同乡，略长他两岁。他们都是文采出众的少年英杰，自然是一见如故，彼此惺惺相惜。

曾巩将王安石迎到客栈，洗面更衣，吃罢酒饭后，说道："介甫（王安石的字），闲来无事，不如小弈一局，以解寂寞。"

当下摆上楸木棋盘和黑白两色的石质棋子，二人就手谈起来。只见王安石落子如飞，布局草率，曾巩却是谨慎稳重，深得棋理。眼看王安石的黑子狼奔豕突，已经是溃不成军，却见他把棋枰一拂，黑白两色的棋子乱成一团，叫道："认输认输！不下了！"

曾巩笑道："介甫，你这样可不太好啊，棋品不佳！"

王安石笑道："弈棋本为愉心悦性，若是苦苦思索，大耗精神，岂不是本末倒置了？这盘棋赢了又如何，输了又如何？"

说罢，王安石随口吟了一首诗：

> 莫将戏事扰真情，且可随缘道我赢。
>
> 战罢两奁分黑白，一枰何处有亏成。

曾巩也笑道："介甫不喜弈棋，那么我们还是温经习文吧？"王安石道："刚才棋输给了子固（曾巩字）兄，赌赛写文我可不会再输。请子固兄出题吧！"

曾巩说："我那日听太学中有人争辩孔夫子和尧舜谁更加贤明。这可有些难讲，不如我们写篇文章阐明一下？"

王安石点头同意，当下两人奋笔写文，大约一盏茶工夫，王安石就欣然搁笔，曾巩却才写了个开头。曾巩拿过去一看，只见这篇《夫子贤于尧舜》写得神采飞扬，有理有据，不禁击节叫好，当下将

王安石和曾巩赌赛写文。

自己那篇稿子揉成一团，说道："珠玉在前，何需砺石。你这篇文章真好，明日我拿给我的恩师欧阳修大人看看。"

欧阳修当时已是朝廷重臣，文坛元老，诗文盛名满播天下。他看了王安石的文章之后，当下赞道："此子才华横溢，文章法度严谨，立论新奇，实在是一个难得的后起之秀。"

说罢，他取了一只玉杆长锋羊毫，在纸上写道："翰林风月三千首，吏部文章二百年。老去自怜心尚在，后来谁与子争先。"

曾巩见了，心下大喜，忙将此诗拿了，回去对王安石兴奋地说："大喜事啊，介甫。欧阳公竟然对你如此青睐，你看，他在诗里把你比作李白、韩愈。欧阳公经常主持科考，看来，你这次金榜题名几乎是板上钉钉了。"

王安石依旧端坐在那里抄书习字，脸上平静如水，看不出一点波澜。曾巩着急地说道："介甫，你快回赠欧阳公一首诗吧，不然可就太失礼了。"

王安石这才抻开一张素笺，思忖一会儿后写道：

欲传道义心犹在，强学文章力已穷。

他日若能窥孟子，终身何敢望韩公。

……

曾巩见王安石这首诗中，虽然也有谦逊之词，但却吐露出不以欧阳修所夸的文采为自傲，而是图谋圣贤治国之道的意味，当下摇头叹道："介甫，你这个脾性，真是龙性矫矫、天骨卓立啊！"

2

勤政殿中，宋仁宗正端坐在紫檀书案后的宝座上，背后是一块从蓝田采来的丈二高的玉石屏风，右面陈列着一组前朝传下来的编钟，还有一架鎏金的浑天仪。左面壁上，有一张巨幅的全国地图——《淳化天下图》。

小内监走进来，跪倒禀告："陛下，今年新科进士已经选出来了，请皇上钦点状元。"

宋仁宗问道："考官是如何评定的？"

小内监答："第一王安石，其次为王珪（guī），韩绛第三，杨寘（zhì）第四。"说罢，将考卷逐一呈上。

宋仁宗先把王安石的文章展开细读，只见字迹清劲峭拔，遒劲有力，文章虽不饰过多藻彩，却自有一股雄健的气韵透纸而出，便微微点头。然而，看到文章后面出现了"孺子其朋"这四个字，仁宗忍不住皱起了眉头。"孺子其朋"典出《尚书·周书·洛诰》，原文是："孺子其朋，孺子其朋，其往。"这是当时辅政的周公对成王说的，意思是："你还年轻，今后和群臣要像朋友一样融洽相处。"这句教训帝王的话让宋仁宗有些不舒服，当下把王安石的试卷放在了一边。

仁宗心中已定下了主意，想改易状元的名字。然后看第二名王珪，但是王珪已经有了官职，按当时的惯例，"有官人不为状元"，又看第三名韩绛，也是这种情况，于是就将第四名杨寘点为状元，王安石反而成了第四名。

杨寘的哥哥杨察是当朝宰相晏殊的女婿。杨寘通过晏殊提前了解到自己只是第四名，心下大为不忿。有不少与他道贺的人拉他去酒馆喝酒庆贺，他却一直闷闷不乐，在酒席间骂道："这一榜，不知道哪头驴当了状元！"

话音刚落，有人来报喜，说道："皇上钦点状元了！"

众人都问："是谁啊？是谁啊？"

这人满面春风地笑道："是杨寊！"

杨寊一听，简直有点不相信自己的耳朵，当下又是欢喜，又是惭愧，刚才还骂骂咧咧，原来到头来反而骂的是自己。

晏殊听说此事后，把杨寊叫到府中，不悦地说："我将科考名次提前透露给你，本来就是违规的行为，你却在酒肆之中口不择言，还谩骂之前选定的状元。若是碰上心胸狭隘之人，之后必然和你结仇，这不是凭空多一个敌人吗？要知道宦海风云多变，多栽花，少种刺，才是正道。"

杨寊当下唯唯连声，说道："那学生如何办才好？"

晏殊挥手道："算了，待本相亲自召见一下王安石，察访此人的脾性。"

杨真当下拜谢，告辞而去。

3

于是，一个风和日丽、飞絮蒙蒙的下午，一封请柬把王安石请到了晏殊的相府。

晏殊的梨香园中，荼蘼满架，芬芳怡人。此园北临池水，东建小亭，曲廊回合，琴韵声声。晏殊吩咐在松月轩设下酒宴，请王安石等新科进士小酌。

席上，晏殊对王安石格外热情，但王安石坚辞不饮，晏殊也不勉强。

席筵散罢，晏殊又留他单独在听风阁饮茶叙谈。

晏殊端起茶桌上的建窑兔毫盏，招呼王安石道："介甫，请用茶。这建茗配建窑，才是得当，你看，和北地器物自是不同。"

王安石看去，只见这茶盏釉面绀黑如漆，温润晶莹，釉面上布满密集的筋脉状白褐色纹饰，犹如兔子身上的毫毛一样细，闪闪发光，甚是奇特。但他并不喜欢品赏古董器物之类，便只是点头而已。

晏殊接着说："老夫和你一样，都是江西临川人，说起来咱们可是货真价实的老乡啊。只是老夫十四岁时就举神童离乡，近年来也很少回乡，有时午夜梦回，常念临川风物啊！"

晏殊早年为宋仁宗伴读，后来长期高居相位，门生故吏遍布朝堂，尽是股肱之臣，范仲淹、韩琦、欧阳修、富弼等都出于他的门下。如今和王安石这样一个后辈套近乎，放在别人身上，早已是受宠若惊了。

但王安石并无半点激动之情，他如实答道："安石幼年随先父四处宦游，后来在江宁安家，很少在临川居住。只是祖父仙逝之时，到临川祖业守丧三年，算是熟悉了一下临川的风土人情。"

晏殊见王安石不卑不亢，气度不凡，当下夸赞道："介甫，你真是后起之秀啊。"他拍着自己的椅子说："你将来必然能坐上我的位子啊！"意思是说将来王安石也能高居相位。

王安石一怔，当下谦逊道："安石焉敢望此？"他沉吟了一下，又说道："将来如果安石侥幸能得此位，必当殚精竭虑，探寻出一条富国强兵的治国之道。"

晏殊眼光老辣，一番会晤之后，已看出王安石虽然年纪轻轻，但胸怀大志，卓尔不凡，绝非藏仇挟怨图谋报复的小人，当下便放下了心，不禁对这位新科进士生出由衷的喜爱之情。他想：王安石才华既高，又有鸿鹄之志，必是一位相才，只是做到宰相，必然要有容人之量，他生性耿介，将来如果不能容人，恐怕也大事难成。想到此处，晏殊语重心长地说："介甫，今天咱们推心置腹，我有两句话想奉告你。"

王安石见晏殊说得郑重，当下起身道："安石敬闻赐教。"

晏殊一字一句地说道："能容于物，物亦容矣。将来你必有一番大作为，但记住这两句话，才能有大成就。"

王安石当下感谢赐教，然后告辞回到住处。

曾巩说："晏相公召你去赴宴，这可是大好事，介甫你这是几时修来的福缘？"

王安石却摇头道："晏相公最后叮嘱我说'能

容于物，物亦容矣'，这都是一些俗套的话，身为宰相却这样教诲后辈消极待事，可叹啊可叹！"

曾巩叹气道："别人能和宰相聊上几句都高兴得睡不着觉，介甫你却不以为然，还埋怨宰相说的话不合你的意，照你这样，我这个落榜举子，恐怕要郁闷得去跳河了。"

王安石见桌上砚台下压着一首诗，拿过来一看，只见上面写道："数病门稀出，常贫客少过。经纶知龃龉，耕钓亦蹉跎。两事艰难极，孤心感慨多……"当下也不禁悯然，安慰曾巩说："子固，你的文章义理精深，文思晓畅，就是这次不合考官的口味，等到欧阳公这样的考官主持科举时，你必然能榜上有名，说不定还能中个状元。"

曾巩苦笑道："那可就借你吉言了。"

兴利鄞县

——看踏沟车望秋实

1

庆历六年（1046），王安石要去远在千里之外的江南鄞县任职。鄞县即现在的浙江宁波，如今这里经济繁荣发达，但在北宋当年，却是穷乡僻壤，仕人们唯恐避之不及。

临行前，好友曾巩置酒相送。布下菜蔬果品之后，曾巩举杯说道："介甫啊，四年多了，好不容易从淮南秩满（任职期满）归来，按惯例可以到馆阁谋个职事，身在朝堂，不乏面见皇上图谋进取的机会，升职要比外放快得多啊！而且，你看这东京城，是何等的繁华世界，你竟然主动要去那江南偏僻之地！唉，真是想不通啊！"

王安石摇头道："兄之见谬矣！那些馆阁之职，无非是什么昭文阁、秘书阁之类，整天寻章摘句，抄抄写写，做个书虫，'刻章琢句献天子，钓取薄禄欢庭闱'罢了，于国于民，并无成就。我今谋职去鄞县，正是想大展宏图，实践我的治国之道。虽然我只是一个小小县令，但主持一县之事，麻雀虽小，五脏俱全，如果我的种种设想得以成功，将来我就上书朝廷，在全国推行，我大宋富国强民的愿望，就可以渐渐实现。这才是我等读书人立身报国的正途啊！"

曾巩举杯赞道："介甫心怀天下，致君尧舜，胸中的鸿鹄之志，非我等燕雀可及啊！"

王安石慨然道："男儿少壮不树立，挟此穷老将安归！安石今年已二十六岁，不趁年富力强之时做一番事业，岂不是上负皇恩、下负黎民？"

说罢，他将杯中酒一饮而尽，起身告辞，登车而去。

2

鄞县距东海不远，为一穷僻的海滨小邑。眼见城郭已近，众人都十分欣慰，奔波这么多时日，今夜终于可以在馆舍中安歇了。

不想天边黑云卷地而来，没过多久，就淅淅沥沥地下起雨来。王安石见大伙儿连日赶路都十分疲惫，夫人吴氏还有孕在身，于是吩咐在五里短亭处稍做休憩。

王安石负手临轩，望着珍珠般透明的水珠滴在油亮油亮的叶子上，他正想吟诗一首，突然听得有人啼哭着走进亭子，"扑通"一声跪倒在地。

众人看时，只见一个瘦骨嶙峋的老头儿，领着一个十岁左右面黄肌瘦的小姑娘，跪在地上说道："大官人，行行好，买了我这个孙女吧！"

吴夫人忙吩咐下人快将老人扶起来，又对老人说："慢慢讲来。"

一问之下才知道，老人因为天旱薄收，交不起租税，就借了当地富豪的钱，结果后来驴打滚、利

王安石等人在五里短亭处稍作休憩，一个瘦骨嶙峋的老头儿过来，想把无力养活的孙女卖给他们做丫头。

滚利，翻了五六倍，只好将田产抵给了这人。老人年老体衰，无力再养活这个孙女，于是只好忍痛割爱，想把孙女卖到好人家当丫头。

王安石惊奇地问道："这鄞县地处江南，雨水丰沛，怎么也有旱情？"

"官人不知，这里虽然雨水多，但是夏天最热的时候，有时候一滴雨也不下，田地的庄稼都旱死了。"老人叹息道。

王安石望着亭外的雨帘，说道："那起先的时日中，下了这么多的雨，难道河渠沟塘就没有存下一些？"

老人道："小塘会干，大塘虽然还有水，但离我的田太远，又没有沟渠相通，老汉年老体弱，哪有本事取那么些水来浇灌，所以田里就旱得颗粒无收啊！"

说罢，他老泪纵横，泣不成声。

吴夫人听了，命人将箱笼打开，取出一些钱来，对老人说道："我们一路到此，也没什么钱了。这些钱你拿去买一块地，和孙女一起过日子吧。"

老人又惊又喜，但一时不敢收钱，疑问道："夫人，你竟然送这么多钱给我老汉，莫不是观音菩萨降世吧？"

吴夫人忽然正色道："这钱不是送你的，是借你的，快拿去吧。"

老人一惊，说道："老汉如何还得起，更不知利息多少，何时归还这些钱呢？"

吴夫人笑道："借你三百年，没有利息。"

老人愕然："三百年……"

夫人的丫头春香把钱放在老人肩头，说道："夫人和你开玩笑呢，这钱就是送你的，你快回家吧！"

老人欢天喜地，千恩万谢，领着孙女走了。

王安石却一直在沉思，对眼前的事情似乎恍然不觉。吴夫人嗔道："相公，你在那里发什么呆啊？我做了这么件大善事，你也不赞许我一下？"

王安石却正色道："今日救一人，何以救万人？我身为一县之父母官，定要想出个办法来。"

来到鄞县上任后不久，王安石就张榜公布了新的法令，在青黄不接的春季，官府出钱来借贷给百姓，或者将官仓中的存粮借给百姓，待秋收之后，百姓再还钱或还谷，利息只有二分，比起原来的高利贷，可谓微薄了。此法一出，百姓无不欢欣，官仓中的陈粮也因此换成了新谷，可谓一举两得，只有一些靠放高利贷发财的豪富之家，暗自愤恨不已。

王安石初治鄞县这一年，风调雨顺，五谷丰登。但王安石居安思危，又发动全县民伕，整理河道，修建塘堰。一些贪图安逸的百姓，不禁有所抱怨，一些因放高利贷发财致富的土豪们，也借机向两浙转运史杜杞告状，说王安石暴虐无度，役使民力，百姓苦不堪言。

3

这一日，王安石正在县衙里批阅公文，忽听有人来报："两浙转运史杜大人驾到！"

王安石忙放下手中的毛笔，出衙迎接。只见两浙转运史杜杞身穿红袍，脸胖肚圆，一大群人前呼后拥。他一见王安石，就斥责道："听说你随意役使民伕，作威作福，一个小小的县令，好大的威风啊！"

王安石丝毫不惧，他一脸正气、不卑不亢地说道："安石到任以来，并无半点私心，役使民伕的事是有，但作威作福却从何谈起？鄞县原来的渠沟，十分浅塞，山谷之水，转眼就白白流入了大海，到暑旱之时，塘河俱枯，田苗旱绝，这不是老天的罪过，是人们不善于兴修水利之过啊！"

杜杞是个官场老油条，其他地方的县官，往往经他这么一吓，就诚惶诚恐地拍马逢迎，事后不免有大礼送上。这次却见王安石泰然自若，侃侃而谈，心下也有几分惊讶，他当下又问道："既是兴修水利这样的好事，为什么百姓还怨声载道？"

王安石不慌不忙地答道："多数百姓还是知晓大义，赞同兴修水利的，只有极少的百姓贪图安逸，只想坐享其成，不知早谋功业。如果都依他们，必然是临渴掘井，如何能兴利除弊？前几任官员也是如此，他们因循守旧，只想自己任职期内不出事，就得过且过，所以直到现在，鄞县还是一旱就绝收，百姓苦不堪言……"

杜杞听王安石竟然责备起前任的官员来，不禁脸色一沉，训斥道："历任知县都不及你？我倒要看看你有多大能耐，这农田水利兴修之后，如果还是有灾害发生，庄稼绝收，又当如何？"

王安石神色傲然："鄞县若再有水旱灾害，以致稻谷绝收，我王安石一身承当，无论是丢官罢职，还是议罪论处，绝无怨言。"

杜杞看着王安石坚毅的目光，一时被他的正气所慑，又找碴责备道："我下令让各州县都捐出钱来作为赏金，以捕拿偷煮私盐贩卖的艚户，你为何拒不执行？"

王安石反驳道："大人，这事行不得，海边贩盐之辈，也都是些穷苦之人，谋些小利糊口，如果认真禁绝，就是每天杀一个人，也未必能控制得住。如果有人贪图赏金，借此生事，那牢狱岂不要塞满了？艚户们失去了谋生的途径，必然仇视官府和告密的人，必然导致杀人作乱的事情发生，杜大人也不希望看到浙东一带有造反的事情发生吧？"

杜杞被王安石的一番话弄得哑口无言，他满脸通红，一拂袍袖，生气地对随从说："走，我们去其他的州县歇宿。"

随从劝道："杜大人，咱们一路风尘，不如就在这里打个尖……"

杜杞将手中的马鞭一挥，眼珠子一瞪："怎么？连你也不听老子的话了？老子一刻也不愿意在此停留，看到这张黑脸就烦。"

随从不敢多说，只是口中嘟囔着："这个黑脸愣头青，竟然敢得罪转运使大人，看以后他怎么混……"

王安石望着转运使的车马远去，心里暗自高兴，他最烦这些迎来送往的繁文缛节了，如今杜杞负气远去，倒省了一番接待的琐事，晚上他又有时间读书写文了。

他回到书房，拿起一本《难经》，就在灯下津津有味地读起来，才读几页，却见丫头春香急匆匆地过来，禀道："老爷，夫人让你赶快过去，鄞小姐高烧不退，现在又抽起风来，煞是怕人。"

丫头所说的鄞小姐正是王安石夫人甫到鄞县时生下的女儿。王安石为她取名为"鄞"，平时就唤她为鄞女。如今她才一岁多，但聪颖异常，都会说成句的话了。王安石夫妇十分欢喜，对她爱如珍宝，如今听她得了急病，饶是王安石一贯镇定，也不禁慌了手脚，扔下书本，急走入内堂。

然而，他还没有进屋，就听见夫人撕心裂肺的哭声，可怜的鄞女竟然因为这一场急病而夭亡了。

灯下，王安石为爱女写下了墓志铭："鄞女者，知鄞县事临川王某之女子也。庆历七年四月壬戌前日出而生，明年六月辛巳后日入而死，壬午日出葬崇法院之西北。吾女生，惠异甚，吾固疑其成之难也，噫！"

这篇简短的文字，写了好几遍才成，因为总是写不了几个字，眼中的泪水就将纸上的字迹打湿模糊了。

两年之后，鄞县的农田水利基本完工，虽然又有伏旱肆虐，但因为王安石修筑的塘堰，田地都得到了灌溉，从此水旱无忧，年年丰收。就连当年因修水利吃苦而生怨言的人们，也交口称赞这位年轻的县令勤政爱民，兴利除弊。

4

又一年的秋天来了，王安石官宅前的竹子飒飒有声，那株新移的龙爪菊也含苞欲放，然而，正在此时，朝廷的调令下来了。宋代的官员，往往是三年一秩，期满后就根据考评结果，升迁调动。王安石被改派到舒州（今安徽潜山）当通判。

吴夫人立在夕阳的斜晖中，望着宅前新移的黄菊和翠竹，有些惋惜地说："朝廷怎么这么快就下旨了？我还以为能看到这几株菊花盛开呢。"

鄞县的治理刚有了起色，王安石也不愿意调走，他叹了口气，对着墙角的新竹吟道：

> 山根移竹水边栽，已见新篁破嫩苔。
>
> 可惜主人官便满，无因长向此徘徊。

吟罢，回头和吴夫人说道："赶紧收拾一下

吧，明天一早就乘舟上路，不要惊动这里的士绅和百姓。"

吴夫人知道夫君的禀性，最不喜欢虚热闹的繁文缛节之类，若不悄悄地走，这些人必然要置办酒席挽留，彼此寒暄客套，大费周章。这都是夫君最厌烦的事情，所以还是悄悄地趁黎明之时走掉为好。当下吩咐丫头，和自己一起抓紧收拾行装。

王安石走到前堂，吩咐一名衙役："给我备一只小舟。"

那衙役问道："如今天色已晚，老爷要到何处去，小的多叫几个人陪同吧。"

王安石挥手道："不必，一个人也不要。"

夜色笼罩了天地，王安石独自一人，在如钩的弯月下划着船，来到了一个山坡前，这里埋葬着他的爱女——鄞女。如今，王安石就要离开这里，只能把自己的女儿永远留在鄞县了。生死两茫茫，望着无边无际的暮色和迷茫混沌的江上雾气，王安石一时百感交集，鄞女那天真可爱的容颜不时在眼前浮现，就在恍惚之间，三十岁的他竟然觉得自己已经老了，心事苍凉，宛若衰翁。他长叹了一口气，吟道：

行年三十已衰翁，满眼忧伤只自攻。

今夜扁舟来诀汝，死生从此各西东。

拆洗介甫

——我生懒率更疏放

1

皇祐三年（1051），三十一岁的王安石任舒州通判。舒州在当时地处荒僻，正所谓"崎岖山谷间，百室无一盈"。街市上常有穷苦人家因养不起婴孩，就将婴孩抛弃在街头，期望有人收留。王安石对此忧心如焚，但通判这个职务，只是州佐，并不能全权掌握舒州的事务。

期间，朝廷两次召王安石回京任集贤校理这样的清闲职务，王安石都上表请辞了。至和元年（1054），王安石在舒州任期已满，朝廷又授予集贤校理之职，但王安石还是坚辞不受，后来吏部改派他为群牧司判官。

群牧司是主管全国马政的机构，当时司马光也任此职，而他们的上司，就是后世有包青天之名的包拯。

这一日，春光正好，群牧司官署里种植的几株名品牡丹竞相开放。包拯刚处理完一件棘手公事，心情极为畅快，于是唤身边小吏道："速速置办酒席，今日午间，我要和群牧司诸君赏花痛饮。"

不多时，只见群牧司的庭院中设了帐幕，摆上了几张方桌，菜肴流水般地端上来，只见有香糖果子、糖荔枝、越梅、紫苏膏、金丝党梅、香枨元、盘兔、旋炙猪皮肉、野鸭肉、滴酥水晶鲙……

群牧司的各位僚属，见包大人有此兴致，无不逢迎捧场，这人说"包大人体贴下属，实在是令人感激"，那人说"包大人闲情高致，雅兴十足"，更有人唱道"有花堪折直须折，莫待无花空折枝"……

包拯举起斟得满满的酒杯，高声说道："今日与诸位共饮此杯，昔时白乐天有诗'昨日山水游，今朝花酒宴'，我等如今豪兴远追古人矣！"

众人齐声叫好，将手中的酒杯一饮而尽。但喧闹声中，包拯敏锐的目光一扫，却见司马光和王安石相伴而坐，酒杯都是满满的，根本没动。

包拯脸色一沉，走到二人身前，问道："君实（司马光的字）、介甫，为何不干了杯中的美酒啊？"

司马光站起身来禀道："属下酒量甚窄，不惯饮酒，还望大人海涵。"

包拯将司马光面前的酒杯端了起来，劝道："何以解忧，唯有杜康，既然你不善饮酒，我也不多劝，今日就饮此一杯，可否？"

众人也一起鼓噪："君实，干了此杯吧！"

司马光只好接过酒杯，一仰脖子，喝了这杯酒。只听众人又是一阵鼓噪："好，好样的！"

包拯拍了一下司马光的肩膀，示意他坐下，然后将目光投向王安石，只见王安石还是安坐在那里，丝毫不动声色。

包拯当下说道："介甫，你又当如何？也要老夫亲手擎杯来劝吗？"

众人都纷纷劝道："介甫，干了这杯酒吧！"

包拯拿起王安石面前那杯酒，笑道："市井中传说老夫是阎罗老包，今日要是劝不下这杯酒，包某可真算是颜面扫地了，哈哈！"

王安石却正色说道："安石性不饮酒，此事并非下官有意违拗大人，若是公务，大人所命之事，安敢不从？但饮酒相欢，本为闲情，恕在下不能从命。安石饮与不饮，丝毫无损大人的颜面。"

众人又纷纷劝起来："介甫你怎么这样，包大人劝酒你也不饮？"司马光也悄悄地拽了一下他的衣袖，暗示他不要太固执。

王安石任凭众人聒噪，泰然处之，脸上神色不变。

包拯凝视了他半晌，突然仰天笑道："介甫啊，今日包某算是领教了，你这种性子，我佩服，佩服啊！"

说罢，包拯回到自己的座位，招呼众人："子非鱼，安知鱼之乐，介甫不饮酒，就难得酒中真趣啊！"

众人也赶紧圆场，纷纷说道："是啊，一醉一陶然，我等陪包大人尽兴畅饮。"

2

酒宴方罢，包拯见王安石等辞席而去，便留住王安石的好朋友韩维和吕公著，问道："介甫平日真的不饮酒？还是对老夫有什么意见？"

韩维和吕公著平时和王安石来往密切，素知他的性子，见包拯问起，韩维抢先说道："大人有所不知，介甫简直是个书呆子，你看他衣冠不洁，平日里邋里邋遢，不修边幅，不好声色，也不饮酒，真是个怪人啊！当年他在韩琦韩大人帐下做事时，每天读书读到很晚，第二天脸也不洗头也不梳，头发蓬乱着就去公署上班。韩大人以为他夜饮放纵呢，当面指责他一番，他却丝毫不反驳。"

吕公著说："他这个酷爱学问的脾气，我们都佩服，但他这一身的气味，我们可受不了。我们都约定了，隔一段时间就领他去洗一次澡，并给他准备一身新衣服换上。我们把这件事叫作'拆洗王介甫'，哈哈！"

包拯听了，也不觉失笑，当下问道："你们领他去浴池，他不像今天喝酒一样拒绝吗？给他新衣，他也肯穿？"

韩维笑道："介甫浑浑噩噩，我们领他到浴池，他也不反对，凭由厮役搓澡，出浴后，见了新衣，也不问从何而来，就穿上了，好像梦游中一般。然后我们把'拆洗'好的介甫送回府上，他的夫人总是要向我们致谢。"

包拯拊掌大笑："有趣，有趣。"

韩维接着说："不过介甫的才干实在出众，他曾经在鄞县理政，把一个小邑治理得井井有条，百姓安居乐业，实在是一位能臣啊！他判狱也颇有头脑，当时他在鄞县，余姚县有人因分家时划分田产争讼，县、州、路三级官员均审理不清，无法结案，后来特地请介甫去断狱，结果他很快就了断此案，众人都很服气。"

包拯很感兴趣，说道："清官难断家务事，田产纠纷往往是公说公有理，婆说婆有理，这种案子有时比杀人偷盗的案子还麻烦，他是如何了断此案

韩维向包拯讲述王安石断田产案。

的呢？"

韩维笑道："介甫把争讼的两家叫到公堂，问道：'某甲，你说县里的官吏袒护某乙，分家时多分了田产财物给他，是不是？'某甲自然是满口应承，又啰里啰嗦地说起某乙如何交通贿赂官吏，多占田产财物之事，还没说完，某乙就大叫冤枉，也说某甲多占了田产，自己其实吃亏。当下介甫一拍惊堂木，让两人住口，说道：'既然甲说乙分得多，乙说甲分得多，本官现在宣判，立即将甲、乙两户的所有田产财物封存，然后甲领乙的，乙领甲的。你等还有何话可说？'"

包拯听了，当下也笑着赞道："不错，不错！这么说来，倒真是一个能干事的人才。"

韩维说道："不仅如此，我甚至觉得他有伊吕之才，是宰相之器啊！"

包拯沉吟道："果真如此的话，老夫会向朝廷举荐的。"

官场浮沉

——千里归来倦宦身

1

没过多久，朝廷下旨，让王安石出任提点开封诸县镇公事，王安石上书表示不愿意就职，还是愿意到"东南宽闲之区，幽僻之滨"做一个地方官，因为那样才能试点他的治国方略。

嘉祐二年（1057）春天，王安石来到常州任知州。知州是一州的最高行政长官，他有机会施展他的才华，来治理这个州郡。

当年的常州城，是一片荒芜凋敝的景象。这里离京城汴梁较远，原来的官员觉得朝廷鞭长莫及，也不怎么勤政。王安石来到州衙一看，只见簿册散乱，无人看管，一问当值的官吏在哪儿，这人竟然擅自回乡多日，经旬不来画卯（点名）。王安石当即大怒，下令惩办了此人。

州佐听了，慌忙召集各衙门的官吏来参见王安石。他们见王安石黑黝黝的脸阴沉着，无不暗暗担忧。那州佐吩咐："快安排酒宴，给王大人接风。"

王安石脸色又是一沉："国家诸事待兴，怎么能大吃大喝，浪费国帑？"

州佐慌忙说道："大人说的是，不过这顿酒席是我等自掏腰包，加上本地的富户也有意想孝敬大人，分毫不动用国库中的钱款。"

王安石"哼"了一声说道："即便如此，也不要过于铺张！"

本州的通判见王安石黑沉着脸，一副闷闷不乐的样子，私下和州佐合计："这新来的知州王大人，看样子可不好惹，我等可得小心侍候，不如召些歌姬舞娘来，在席间助兴作乐？"

州佐却把眼一瞪："我听说王大人并不好色，除夫人外，一个侍妾也没有，你可别乱来，惹恼了大人，可不是好玩的。听说有个地方让一群歌姬来侍候他，他当场大怒，拂袖离场。"

通判皱眉道："如果不召舞姬，席间难免清冷，岂不有怠慢知州大人之嫌？"

州佐眼珠一转，说道："前段日子，你叫来的那些杂耍的艺人和说笑话的优伶，倒是有趣，不如叫来让王大人开开心。"

酒宴上，大伙儿见王安石正襟危坐，一脸严肃，都不敢轻举妄动。通判见场面冷清，忙请示道："大人，本州有不少的民间艺人，精通各种百戏，也算是常州地方的一种民俗风情，不如让他们来表演一下？"

见王安石微微点了点头，通判忙令众位艺人上场表演。只见这些人有的吞刀，有的吐火，有的顶大缸，有的上刀山，种种炫人眼目的绝技层出不穷。王安石却始终脸色不变，对眼前的景象似乎视而不见，大伙儿摸不清他是什么意思，都不敢言语，也不敢叫好喝彩。

后来，一对优伶上场说起笑话来。甲说："我经常混吃混喝，有次见到一户人家办丧事，我就在灵前痛哭，声称死者生前和我最要好，这家人以为我真是逝者的好朋友，特地远道而来，于是款待了我一顿酒饭。"

乙说："别提了，我就是知道你这样做，我也效法，结果挨了顿胖揍，到现在额头上还青肿未消呢？"

甲道："怎么回事？"

乙说："我也是见到一户人家办丧事，就在灵前痛哭，声称死者生前和我最要好，结果一群人冲过来就揍我。"

甲道："这是为何？"

乙一脸苦相地说："这户人家死的是个年轻的媳妇。"

众人不禁哄堂大笑，王安石这时竟然也脸露喜色，拈须微笑。通判察言观色，转头吩咐随从："赏钱给这对优伶！"

州佐等优伶下场后，说道："这场戏确实好笑，把大人也逗乐了，也算难得啊！"

哪知王安石却收起笑容，说道："本官并非因此戏发笑，而是刚才一直思索，想出一个《易经》中的道理，此道理正好适用于治理我们常州。这个问题困扰了我好多天，今日终于豁然贯通，实在是不胜欣喜。"

众官无不愕然，只听王安石接着说道："我昨天细观常州地图，觉得当务之急，是要开一条百里运河，沟通太湖，如此一来，不但能在旱时浇灌农田，而且能利于航运，到时候太湖沿岸出产的货物都能贩运北上，何愁咱们常州不繁荣丰饶啊！"

州佐听了，当即说道："大人所见极是，不过开挖百里运河，消耗的人力实在不少啊，只征当地的民伕，恐怕难以完成！"

王安石说道："此事功利千秋，我立即上书两浙转运使，请他协助征集浙西各处的民伕，一起开挖此运河，这运河修成后，也是他任上的功德一件。"

众官不敢多言，当下都唯唯称是。

2

然而，十几天后，两浙转运使的回信收到了，他并不同意征集整个浙西的民伕一事，说是常州自己的工程，就只用常州的人力吧。

王安石又写信给宜兴县的知县司马旦，此人是司马光的哥哥，王安石请他于公于私，都要助自己一臂之力，发一些宜兴县的民伕来帮忙开挖运河。但司马旦却说自己县小民少，根本担不起这样的责任，建议王安石找其他县轮流征派，一点一点慢慢来。

王安石是个急性子的人，不想将自己的构想废弃，他不顾各种困难，还是把运河的工程启动了。不过人少力微，运河的开凿异常缓慢，王安石心急如焚，每天到河边督役，晒得脸色更加黑了。

这天，天边黑云翻滚，一阵狂风吹来，将遮阳的帐幕吹翻不少，河堤上的旗子也被吹折了，人人立足不稳，不一会儿豆大的雨点落了下来。王安石无奈，只好下令停工。

哪知道这绵绵淫雨，下了好些天也没有消停的意思。王安石虽知百姓的苦处，但又不愿工程半途而废，因为一旦停工废弃，不用多久，这刚开挖的河道就会被雨水冲刷淤平，前面的多日苦功就算白费了。于是他下令让民伕在雨中继续开河施工。

又过了十多日，王安石来巡查时，只见几处棚屋中哭声一片，当下问监工的小吏："为何有民伕啼哭？"

小吏低头答道："有两个民伕，受不了辛苦，昨晚趁没人注意，悄悄上吊自尽了。"

王安石听了如遭雷击，心想："开河本为民造福，现在却让百姓遭了难，这如何是好？我王安石一腔热忱，却成了逼迫百姓的酷吏，唉！唉！"

小吏低着头，不敢看王安石的脸色，听王安石半晌没说话，当下道："这两个小民也是糊涂……"

没等他说完，王安石就打断他的话，吩咐道："给两位死者的家属多支些钱，从我的俸禄中扣除。另外，传下我的命令：河道停工，民伕们各自回家！"

民伕们听到这道命令，无不欢呼雀跃，各自收拾东西散去。只剩下王安石独立在凄风苦雨之中，喟然长叹。

王安石回到州衙后，心情愁闷，食不下咽。这时又有钦差传来旨意，改任他为江南东路提点刑狱。提点刑狱的主要职责是审核各州县的刑狱之事是否得当，另外还有权考察各州县的官吏是否称职，这在别人看来是个难得的好差事，毕竟主持刑狱并且督察众官，大权在握，人人都要敬畏巴结。

不少人听说了消息，纷纷前来道贺。王安石吩咐门人，一律不见！吴夫人劝道："做了江南东路提点刑狱这个职务，是朝廷对你的重用啊，夫君为何还是愁颜难开？"

王安石闷闷地说："夫人不知，我来常州，本想造福百姓，这才动工开河，哪知道上官不支持，民伕人手有限，以致现在河只开了半截，不得不停工。如今想来，后人会说，我王安石来到常州，只是徒费民力，扰民生事，全无一点恩德啊！"

吴夫人对开河的事也是知晓的，她劝道："朝廷重用你，这是好事，以后你位高权重，自然政令畅达，就不会有这么多掣肘的人了。"

王安石听了，觉得有理，心情才略微平复一些。

3

担任江南东路提点刑狱之后，王安石雷厉风行，对当地的官员进行了严密的巡查，一时间大小官吏无不震恐。

这一日，王安石来到饶州，督察当地负责酒务的官吏。到了公署的门口，却未见主持酒务的官吏出迎，只是有几个小吏来支应。他当下大为不悦，心想："这人不理公务，竟然办公时间也不在公署之中，想必是个贪惰成性之辈！"

他强忍怒气，来到了厅上，却见壁上有一首诗，字迹遒劲潇洒，诗曰："呢喃燕子语梁间，底事来惊梦里闲。说与旁人应不解，杖藜携酒看芝山。"

王安石一见，立刻转怒为喜，叹道："好诗，好诗！这是个人才啊！"

随即问道："这诗是何人所题？"

小吏捧来一叠厚厚的卷宗，答道："这正是本署中的酒监刘季孙所写。他是攻打西夏时英勇殉职的大将刘平之子，因朝廷抚恤，袭了个武职，但他生性喜欢舞文弄墨，迥别于其父。"

王安石一挥手，不再看那些卷宗，带着从人登车离去。不久他和刘季孙长谈了一番。没过多久，王安石就传下调令，让刘季孙改任本州的学官。北宋重文轻武，刘季孙本为武职，现在充当文职的学官，很不符合当年的规章制度，属于破例任用，所以一时间全郡都惊讶不已。

4

不久，王安石又被朝廷一纸诏令调到京城，就任三司度支判官（主管国家财政的官员）。一开始，王安石再三推辞，他还是希望做一个州郡的长官，但当时的宰相富弼根本不考虑他的意愿，没有同意。

回到京城，王安石把二十多年在基层中体会到的社会积弊加以详细整理，写了一篇长达万言的《言事书》，呈给仁宗皇帝，力陈变法图新的必要性。

然而，此时的仁宗，年事已高，疾病缠身，深宫中的他对着摇曳的红烛，正为自己头发渐白、神昏目眩而苦恼。更为苦恼的是，他如今年近五旬，竟然连个皇位继承人都没有，怎不让他心焦意乱呢？

所以，仁宗皇帝对王安石这篇有理有据、洋洋洒洒的宏文没有多大兴趣，只瞧了个大概，就放到一边了。

不过，从这篇文章中，仁宗倒是看出了王安石的才情，不久就提拔他当了知制诰，负责起草皇帝的诏书之类。

嘉祐八年（1063），宋仁宗逝世。时隔不久，王安石的母亲吴氏也去世了，按照当时的制度，王安石离开京城，回乡守孝三年。

这三四年间，朝廷中发生了巨大的变动。宋仁宗的养子、濮王的儿子赵曙继承皇位，是为宋英宗。但宋英宗也是个体弱多病之人，继位不到四年时间，就驾鹤归西了。

5

大宋的皇位宝座上，这时端坐的是英宗的长子赵顼，一位年方十九岁的青年，他就是宋神宗。

宋神宗在做太子时，就听近臣韩维经常说起王安石是个非常杰出的人物，不但文采好，而且善于持国理财，敢当大事，就是性格执拗了些。于是他继位之后，就马上想到了王安石，下诏封他为翰林学士，从江宁调回汴梁（今河南开封）。

因为王安石此前多次以疾病为由，不肯奉命归朝，于是韩维先写了一封书信，将神宗皇帝的意愿和志向告诉王安石。

这一天，驿使快马加鞭，飞驰到江宁府衙，只见前厅地上，铺着一些庄稼的秸秆当作席子，一个没戴帽子、头发蓬乱胡子花白的人正坐在那里发呆。他于是喝叱道："喂，快把这封信送给你家王大人！"

哪知这个人拿过信来就撕开了封皮，驿使来不及阻拦，跺足大叫："你这个人，这么不懂规矩吗？给王大人的信你也敢私拆？"

喧闹声惊动了两个护院兵丁，他们过来对驿使斥道："休得无礼！拆信的这位，正是王大人！"

驿使目瞪口呆："啊，这位就是王大人？小的有眼无珠，还望恕罪。"

王安石一摆手："不知者不怪，路上辛苦了，去后厅喝杯茶吧。"

驿使惶恐地连声道："多谢大人海涵，小的还是先行告退吧！"说着就慌慌张张地跑出去了。出了院门，驿使叹道："这位王大人真是个贤德之人，做到这样的大官，哪个不是整日里绫罗绸缎穿着，山珍海味吃着，娇妻美妾搂着，他居然这样俭朴，实在难得啊！"

却说王安石接到书信后，马上吩咐吴夫人："打点行装，我们不日就要重返京城了。"

吴夫人笑道："相公不是一直上表请辞，不愿意再当那个为皇帝舞文弄墨、矫饰辞藻的近臣了吗？"

王安石眉飞色舞地说："这次不同。现在身登大宝、执掌皇权的是年轻有为的新皇帝，他有意励精图治，锐意进取，中兴大宋。所以我的那些治国之策，他一定会倍加赏识的。"

吴夫人听了，也是满心欢喜，连忙吩咐仆妇们收拾行装，准备盘缠，备车雇船。

王安石回到朝堂，被宋神宗封为翰林学士，这是一个能够经常接触皇帝，能对皇帝的各种大政方针提供建议的重要职位。

期盼已久的机会终于来了，年轻的皇帝和勇于进取的王安石，心意相投，历史上轰轰烈烈的熙宁变法，即将拉开帷幕！

入阁秉枢

——日记君臣口舌争

1

熙宁元年（1068）四月。

天气一天天地暖了起来，又将入夏了。连着几天的阴雨，殿前的玉阶上生了绿色的苔藓，仿佛是荒原上暴露出来的骨殖，那一株半枯的老树，也没精打采地在雨中飘动着稀疏的枝条，一如老年人头上稀疏斑白的头发。这些宫殿已经近百年了，陈旧的气息堆积成一种厚厚的暮气，像天空的铅云一样，压在宋神宗赵顼的心头。

宋神宗皱了皱眉头，挥手让小宦官把送上来的麝香糖蜜糕又撤下去，却拿起案上王安石写的那个奏折——《本朝百年无事札子》。看到"百年无事"这四个字，神宗皇帝不禁自言自语地笑道："这个王安石啊，真是太有性格了，朕昨天召见他，只说了那么一句'本朝百年无事'，他回头就给朕写了这一大篇。"

然而，宋神宗慢慢读来，越读越是神色凝重，最后他猛地一拍桌案，慌得远处站立的小宦官忙上前问询："陛下！"宋神宗一挥手，示意他下去，突然又想起一事，说道："记着，明日早朝之后，留下王安石在延和殿问对。"

延和殿靠近后苑，规模不似上朝时的紫宸殿、垂拱殿宏大，但朝中的机密大事，却往往是在这个相对幽静的殿宇中制定的。朝中大臣，也往往以能在延和殿向皇上奏对为荣。

2

宋神宗望着如一棵孤松一般伫立着的王安石，依旧是那不修边幅的模样。虽然这并不是第一次见到，但王安石给他的独特感觉依旧是那么的强烈。

这是个令他一直好奇的人，在此之前，他就听说过有关王安石的不少故事。

不过，当他首次见到这个鬓发花白、面黑如墨，衣袍上总是带着尘土和墨迹的人时，还是有些吃惊。一般的臣子，拜见皇帝之前，总是要沐浴熏香，有的人甚至连口里也要含着鸡舌香，生怕仪容不整、挟带气味冲犯了皇上。而王安石却总是邋里邋遢，有一次上朝时，竟然有一只虱子从他的胡子上爬到他的脸上，同僚都在窃笑，而王安石却恍若不觉，依旧全神贯注地侃侃而谈。

拜见皇帝时王安石从来不会有那种诚惶诚恐的神色，看着王安石眼中那份如巨石般的坚毅，年轻的宋神宗被深深吸引住了，他的耳边又响起老臣萧注说过的话："介甫牛耳虎头，视物如射，意行直前，敢当天下大事。"

是啊，朕要成为一代英明之主，现在就是要用敢当天下大事的人！

想到这里，宋神宗开口道："朕昨日说了句本朝百年无事，卿就上了这么一个奏折，其中这十条时弊，字字切中要害啊。而其中最为严重的就是兵弱财匮，兵弱则国家不强，财匮则国家不富啊！"

王安石圆睁双目，注视神宗，直言不讳地说道："如今我朝虽然百年无事，但内中却危机四伏，正如河道久淤，虽然一时无险，但洪水一来，必然成灾。微臣以为眼下最重要就是治冗。"

神宗听了，急切地说："接着说下去！"

王安石语调铿锵地说道："第一是冗兵。我朝养兵有百万之多，天下之财，收归于国库的不过六千余万，而养兵的费用竟然高达五千余万，天下之财，绝大部分都成了军费。而这些兵又不是能征惯战之兵，很多老弱之辈当兵充数。即便是朝中的禁军，也缺乏操练，不耐苦劳，听说朝廷发给禄米等物时，这些军卒竟然还要雇人挑运。如此懒惰成性，如何上阵迎敌？"

神宗赞道："说得好，来人，赐座，奉茶！"早有小宦官奉上青黑色的乌金釉盏，神宗吩咐道："取建州岁贡大龙凤团茶，与卿共饮。"

王安石对眼前的茶视而不见，自顾自地说道："第二就是冗官。我朝恩荫盛行，不但皇族、外戚、重臣可以让子孙为官，甚至连亲属、门客、医者都能当官。早在仁宗皇帝时，我朝官员就多至一万七千三百余名，比四十年前多一倍，比开国之时多了五倍！其实州县数目并没有多，事务还是那些事务，多出来的这些官，全部都在吃闲饭，消耗国家的财富！"

"陛下，太宗一朝时，国财岁入二千二百二十四万五千八百贯，除去开支，还能剩下一多半"，王安石语调越来越激昂："到了近年来的英宗一朝，却已经是入不敷出，一年要亏空一千五百七十二万六千贯之多！"

神宗听了，不禁叹道："爱卿所言极是，朕自登大宝以来，曾多次询问主管国库的官员，让他们汇报库中财物数目，但他们一直吞吞吐吐，后来才说了实话，原来府库早已消耗一空，正所谓'百年之积，惟存空簿'！朕听了后，实在是震惊不已啊！"

说罢，神宗皇帝一挥手，让身边的小宦官取来一个黄绫卷轴，向王安石缓缓展开，只见上面字迹端正，法度谨严，正是神宗的御笔亲题：

五季失图，猃狁孔炽。艺祖造邦，意有惩艾。

爰设内府，基以募士。曾孙保之，敢忘厥志！

（这几句大意为：五代以来北方的部族没有平定，他们一直在猖獗嚣张，从太祖开始就意欲平定，于是设立府库，以此来招募勇士，子孙继承大业，怎敢忘了先祖的志向？）

王安石见了，说道："陛下所见甚是，欲平边患，必先实国库，因天下之力以生天下之财，取天下之财以供天下之费！"

神宗赞道："爱卿说得好。等国库丰盈后，朕就再建上三十二座库房，这些仓库的名字嘛，就以朕的这八句诗的三十二个字为名，如'五库''季库'……一直到'厥库''志库'。"

说到这里，年轻的神宗皇帝眼中闪烁着喜悦的光芒，仿佛已经看到了这三十二座库房中堆满了金银钱帛的场景。

3

"爱卿，饮茶。"神宗皇帝举起青黑色的乌金釉盏，却见王安石从袖中取出一包药散，倒入茶盏中，一饮而尽。

神宗不觉好奇，问道："卿加在茶中的，是何佐物？"

王安石这才恍觉，答道："臣近日有些湿热之邪，皮肤出疹作痒，医官开了消风散，正好陛下赐茶，臣于是就便将此药服了。"

神宗听了，不禁哑然失笑，大家都说王安石是个不懂风雅的人，今日一见果真如此。御赐的名茶，寻常难得一品，他居然当成了送药的温开水，真和焚琴煮鹤有得一比。

怔了一怔，神宗接着又说："有一件事情，朕想告诉爱卿。朕曾经在宝文阁的一个积满灰尘的锦匣中，得知了前朝的一件秘事。"

王安石有些惊愕，忙说道："不知此事臣当闻不当闻，陛下慎言之！"

神宗皇帝站起身来，坚定地说："此事我熟思良久，还是要说，不但要对爱卿说，还要让众臣知晓。太宗皇帝当年并非是因病而驾崩，而是在征辽时被契丹人射中了大腿，后来箭疮发作而不治。此事一直讳言。如今我欲激励群臣，想将此事告白于众。另外，如果将来有人能收复燕云十六州，可异姓封王！"

神宗踌躇满志，对王安石说道："朕要效法唐太宗，成为一代英武之主！"

王安石却摇头道："陛下效法唐太宗，还是远远不够啊！皇上您想成为一代明君，就要师法尧舜。尧舜的治国之道，至简不烦，至要不迂，至易不难，才是后代君主真正的榜样啊！不过后世君臣，一提尧舜，都觉得高不可及。其实尧也是个人，舜也是个人，凭什么他们能做到的，陛下就做不到呢！"

神宗皇帝苦笑道："爱卿你真称得上《孟子》中所说的责难于君了，这对朕的要求也太高了！朕自觉能力有限，但希望你能全力辅佐我，推行尧舜之道。当年刘备得了诸葛亮，唐太宗得了魏徵，所以成就了千秋功业，如今朕能有这样的人才辅佐吗？"

王安石霍然起身，慨然说道："陛下如果能成为尧舜一样的明君，自然有皋陶、夔、稷、契这样的名臣来辅佐，就算是像商王武丁，也有傅说这样的贤才，以天下之大，何才没有？如果陛下不大胆起用人才，就算有皋陶、夔、稷、契、傅说这样的人，也不免为小人所排挤啊！"

这一番话，正好说中了神宗的心事，之前神宗就曾经问过身边的老臣韩琦，问他是否可以重用王安石。韩琦白胡子乱颤，有些激动地说道："王安石当个翰林学士才华有余，但国家大事千万不能让他参预，宰相所处的政事堂，万万不可让他执掌！"

神宗暗想，原来王安石一直没有发挥出才智，正像他刚才说的那样，是被其他人蒙蔽了。为今之计，要想励精图治，中兴大宋，就要大胆起用王安石这样的人。

想到这里，神宗皇帝一拂袍袖，坚定地说："那爱卿试着和朕说一下，现在我们最需要做的是什么？"

王安石的回答掷地有声："安石有新法八条，六条足以富国，两条足以强兵。变风俗，立法度，是现在最急切的事情！"

宋神宗击掌赞道："说得好，变风俗，立法度！朕已决意变法！"

4

御花园中，玉槛中的牡丹花圃群芳争艳，姚黄魏紫妖冶妩媚。太皇太后曹氏和皇太后高氏正在凭栏赏花，曹太后说："昨日一番风雨很是狂骤，却不想今日这牡丹花还是开得如此之好。"

高太后应道："是啊，不过御苑之中，原来牡丹圃要更为繁盛，去年遵照您老人家的吩咐，将御苑中的花圃一多半改为了种谷物和桑麻……"

这太皇太后曹氏是宋仁宗的皇后，其祖上是宋朝的开国大将曹彬，算起来是神宗的祖母辈，年已五十有四，高太后是神宗的亲生母亲，年方三十八岁，说起来高太后还是曹太后的外甥女——即曹太后姐姐的女儿。

曹太后听了，假装嗔怪道："这么说来，是怪我摧花辣手了？我命人将花圃辟为田地，是想让宫中人，尤其是皇上知道稼穑之艰难，让他对天下黎民有所爱惜。"

说到这里，曹太后突然诧异道："下朝已久，怎么皇上还没到后宫来？"

原来，曹太后一直对这孙子十分疼爱，经常嘘寒问暖。如今赵顼身为九五之尊，断无忍饥受渴之理，但曹太后还是担心其他人服侍得不够尽心，一下朝就命人送上茶点，生怕他受了饥渴。

眼看红日将坠，实在是相当晚了，难道发生了什么事吗？曹太后正欲遣内宦去问询，就听见小宦官高呼："皇上驾到！"

但见宋神宗未乘肩辇，自行快步过来，曹太后不禁问道："我和你母后在此等候你多时了，约莫你下朝之后，也有许久了，怎么现在方来？"

神宗脸上闪烁着喜悦的神情："孩儿今天识得一位能臣，用他为相，必然能富国强兵，将来收复燕云、扫灭西夏，也必势如破竹！"

曹太后奇道："这是何人？"

神宗道："王安石啊！当年晋朝有个谢安石，百姓都说'安石不出，奈苍生何'，如今上天又赐给我大宋一个王安石，这真是天道不亏，祖宗恩德啊！"

高太后突然脸色一沉："王安石？就是那个整日间囚首丧面，头发乱蓬蓬、衣服脏兮兮的怪人吗？他大言炎炎，倔强无忌，我儿千万不可为此人所误啊！"

曹太后也说道："当年，我听你的祖父仁宗皇帝说过，当时召集群臣到御苑的鱼池边钓鱼为乐，这王安石无心钓鱼只是发呆还算罢了，结果他竟然拿起一盘鱼饵吃了起来；如果只吃一粒还算罢了，他竟然把整盘鱼饵都吃了，这分明是作伪欺君嘛！所以仁宗皇帝一直不喜欢他，把他外放到州县，不予重用。"

神宗辩道："王安石他一心放在国事和学问上，在家里吃饭时，也只是吃眼前那盘菜，至于他蓬头垢面，也是无暇分心罢了。朕小时候读书也曾忘了吃饭的时间，皇祖母不是经常让小内侍来催吗？还有一次，大热天里，朕读书入迷，既没有换衣服，也没有招呼宫女来打扇，结果祖母见了心疼不已，还把内宦宫女们好一顿训斥。所以，朕深知王安石并非伪诈之人，确实全心在学问上。此人全无奢欲，其妻曾为置妾，他却根本不接受，如此不贪财不好色的官吏，百年少有啊！"

高太后轻蹙蛾眉，"哼"了一声说："这倒不见得，御史中丞司马光也是这样一位贤臣，听说他久无子嗣，其妻为他买来一个侍妾要留在书房陪侍，被他正色赶走了呢！"

曹太后接过宫女递过来的龙头拐杖，问道："这王安石，到底给你出的是什么主意啊？"

神宗答道："变风俗，立法度！朕要变法图强！"

曹太后听了，脸上骤然变色，把拐杖往地上一顿："这可不行！祖宗之法，如何能轻易废改？"

曹太后勃然大怒，吓得宋神宗浑身一颤，他对这位祖母一直是尊敬有加，当下愣在那里，不知说些什么才好。

曹太后见他一副惶恐的样子，突然意识到自己有些失态，自己辈分虽高，但神宗已经长大成人，执掌国政，他才是一国之君，自己不能凌驾于皇帝之上，在国事上任意擅专。

想到这里，曹太后温言道："法无常例，也不是绝对不能变，祖母就是怕你年少冲动，以致颠扑社稷，动摇国本。你有励精图治的志向，祖母很是赞许，只是要三思之后慎行。"

高太后在一边帮腔说："是啊，不能只听王安石的一家之言，我大宋朝中有那么多贤臣，比如司马光等人，也要多听听他们的意见，都说兼听则明、偏信则暗嘛！"

神宗点头道："母后说得对，朕明日就召司马光来和王安石问对。"

5

晨星未退，东方欲曙。朝霞的辉光映在金钉朱漆、镌镂龙凤的巍巍殿宇上，显得格外瑰丽。

宣德门下，群臣集聚，等待早朝。

早朝才罢，宋神宗特意留司马光和王安石在文德殿问话，这文德殿位于紫宸殿和垂拱殿之间，也是议论朝政之处。

司马光和王安石没说几句，就各自疾言厉色、面红耳赤地争吵起来，司马光怒斥王安石："你所谓的变法图强，只不过是搜刮民财、充实国库罢了。天下之财，不在国则在民，你这样做，无非是等于增加赋税，百姓如果不堪重负，更会动摇国本，四海不宁！"

王安石愤然拂袖道："君不懂理财之道！天下之财，天下之用，在于开源不在节流，只要新法推行得好，自然会多生财货，天下钱赋又岂是定数？"

眼看两位大臣怒目相对，几乎要动起手来，宋神宗劝道："两位爱卿都是为了国事，谈论是非罢了，何至于这样呢！"

司马光这才觉得自己有些失态，乞请告退，临走时，依然愤愤地向皇帝说道："臣与介甫，如同冰炭不可共器、寒暑不可共时。"说罢就愤然离去。

神宗一时茫然无措，王安石劝道："皇上明察，天下承平已久，士大夫们多是得过且过之辈，都愿意安心享清福，不生事不多事。臣早就料定，新法推行，必然令群情愤然。《尚书》中记载，当年商朝的英明之主盘庚迁都时'民咨胥怨'，官员们都反对，百姓也是怨声载道，但盘庚决意执行，殷商才有了后来的繁荣兴盛啊！"

宋神宗低头思量了一番，对王安石说道："言之有理。朕不是不相信爱卿的筹策，只是太皇太后和太后都告诫我说要兼听则明，朕不得不多问询一下。"

王安石不便说太皇太后等人的不是，只是劝道："皇上改行新法，必须雷厉风行，一旦推行，就休让他人胡乱议谏，正如一个人写字，几只手扯住他的袖子乱拽，哪里能写得好呢？自来英主贤臣，见识都远超庸碌之辈，只听他们的意见，如何能成非常之事，有非常之功？"

宋神宗一想也对，当下对王安石说道："朕拟任命你为参知政事（副宰相），全力推行变法之事宜！"

神宗终于下了决断，却听王安石回答道："臣现在还不敢奉诏。"

神宗一愣，他原以为王安石听到全力推行新法，必然会山呼万岁，心情雀跃，谁知道事到临头，他竟然又临阵退缩，这又要的是什么花样？

神宗看到王安石一脸的坚毅，联想到先皇曾几次征召他入朝，他竟然坚辞不入，心想必然是事出有因，当下问道："爱卿还有何顾虑？"

王安石脸上闪过一丝不易察觉的喜悦，对神宗说道："皇上圣明，微臣正是有所顾虑。新法推行，虽由臣一人提议，但却无法由臣一人推行，按原来的制度，要中书省群臣，尤其是宰相和副相集中商议后，方能颁行。但现在诸位宰相老的老，病的病，齐聚议事就难，加上人多议杂，一条政令推行就要耽搁月余。新法施行，在于雷厉风行，就像攻城一样，一鼓而下，方能成功。"

神宗颔首道："卿言极是，依卿之见，又当如何？"

王安石朗声说道为："臣之新法，大体是理财治国，所以提议新设一个制置三司条例司，将天下财权悉归此机构，政令出于该司，不再受中书省繁缛手续干扰。再有一事，臣斗胆请皇上恩准。"

神宗道："但言无妨。"

王安石道："用人之选，极为关键。想当年圣君帝尧与群臣商议选人治水，还曾经因误用了鲧而坏了事，如今变法推行，选用的可不只是一人，群臣本来就对新法议论纷纷……"

神宗听出王安石所说之意，当下挥了挥袍袖说道："爱卿不必说了，朕知道你的意思，这制置三司条例司中的人选，就由爱卿推选，这样必然能如臂使指，上通下达，政令晓畅。"

王安石听了，拜倒在玉阶之下，说道："皇恩隆重，臣一定鞠躬尽瘁，推行新法，富国强兵，不负圣望！"

6

王安石府上，吴夫人正望着墙角那两株一紫一白的丁香树出神。这是丁香花事最盛的时候，一团团丁香花散发醉人的幽香，吴夫人观赏了一会，眉头又锁了起来。她每日都在担心，夫君王安石那个倔脾气，说不定什么时候就惹怒了皇帝，得罪了同僚。韩愈"一封朝奏九重天，夕贬潮阳路八千"的故事，不见得不会重演。

这时厨子老刘一脸尴尬地来到吴夫人面前，讷讷地说："小人无能，恳求告老而归。"

吴夫人奇道："这是为何？是身体不适吗？还是家里有事？"

老刘摇头道："不是。"

"是觉得受亏待了？还是有什么难处？你尽管说出来，只要不是败德违法之事，我尽可帮你。"

老刘的脸越发红了，连连摇手道："夫人想错了，夫人对老刘天高地厚，只是老刘自己不争气，现在做菜不行了。原来相公最爱吃我做的獐子肉，而有一天竟然一块未动，想是我老糊涂了，手艺不行了。我昨天又仔细做了一盘，相公居然还是没吃。唉，看来我不中用了，相府里还留我这个废人做什么？"

吴夫人听了，不禁哑然失笑："你不知道，相公吃饭时，是哪一盘菜离他最近，他就专吃哪一盘。原来我经常吩咐把獐子肉放在他手边，他就把这个菜吃得一干二净，而近日来，我看相公因为变法之事急躁，身上疮疽多生，因此在他面前放了清淡蔬菜，于是獐子肉就一块没吃，此事并不怪你。"

老刘听了，当下如释重负，不敢再啰嗦，退了下去，自言自语地叹道："相公真是奇人，吃饭时也在想事情，唉，要是俺老刘，非把脑袋想炸了不可……"

吴夫人正要起身，又见一个仆人来报："门外有个姓苟的人，自称是一个什么州的通判，要求见咱们老爷。"

吴夫人听了，吩咐道："让他前厅等候，奉茶。一会儿老爷回府，你把老爷先接到后堂用饭，然后见客，不然老爷和来客一聊，又不知是什么时辰。"

仆人应诺而去。

7

吴夫人来到后堂，吩咐下人们摆好菜肴，却见那个仆人一头热汗地跑来禀告："小人该打，老爷的轿子一进前门，小人本想依夫人嘱咐，让轿夫直奔后堂，哪知那个苟通判竟然早早跑过来，一头拜倒在老爷轿子前，活像拦轿告状的样子。老爷无奈，就只好下轿和他在前厅说话。"

吴夫人杏眼一瞪，想骂几句，又觉得在仆人面前不好骂出口，于是扬了下手帕，让这个仆人出去。见仆人出去了，她忍不住说道："没廉耻的货，看来不是什么好官。"

儿媳庞氏却劝道："母亲休恼，父亲肯定不会和这等人聊太久，肯定三言两语就打发掉了。不会像上次那个吕惠卿，一来就聊起来没完。"

庞氏是王安石爱子王雱之妻，温柔美貌，端庄大方。吴夫人回头望了她一眼，眼光盯着她隆起的小腹，说道："说的是。不过我不是吩咐你不要过来忙乎，以免动了胎气吗？"

正说时，只听王安石脚步声响已近，庞氏连忙回自己的厢房中回避。

吴夫人招呼王安石坐下，温言问道："刚才那个苟通判所求何事？"

王安石提起来犹自愤然不已："这狗官不知从

哪里寻得一方石砚来献我，说是宝物，对着这石砚一呵气，就有滴滴水珠渗出，犹如泉涌。"

王安石接过仆人递来的筷子，也不看菜肴是啥，就直接夹起来往口中送，一边说道："我就哂道：'就呵出一担水来，又值几个钱？'"

吴夫人听了，不禁失笑。

王安石接着说道："这厮见我不喜欢这石砚，就掏出黄金珠宝。原来他不知从何处得知我要执掌相权，新设制置三司条例司，想借机谋个职位。我当即将这厮呵斥，回头还要让御史台好生查访一下，这人必有贪赃枉法之劣迹！"

吴夫人当下喜道："相公要新设制置三司条例司，也就是说圣上恩准推行新法了？"

王安石脸上也闪出一丝喜色："正是如此。"

吴夫人问道："那相公准备用何人为臂膀呢？"

"集贤殿校勘吕惠卿。此人文思晓畅，才智不俗，我想提拔他到制置三司条例司担当重任。"

吴夫人听了，不禁劝道："相公，我看那吕惠卿，虽然口若悬河，才辩过人，但他和你的谈话，似乎是早就侦知了你的心意，然后一味顺承着你来说的，这人心术如何，也不得不访知。"

王安石道："世上蜚短流长，何必介意。司马光那个倔老头就写信给我，力陈吕惠卿是谄谀之士，说现在他一直顺着我奉承，一旦我失了势，他就会出卖我。这等言语不必理会，都听他们聒噪，一事不可成。"

吴夫人不好再劝，便说："今日欣逢喜事，可否允妾一件事。"

王安石有些诧异："何事？"

吴夫人笑道："相公又有二十来天没沐浴更衣了，每次来劝，你都着恼，说是扰了你的思虑，误了公事，今日权当休憩吧！"

见王安石没反对，吴夫人就招呼仆人："赶快备水烧汤，侍候老爷洗浴！"

熙宁变法

——总把新桃换旧符

1

熙宁二年（1069）二月，宋神宗正式加封王安石为参知政事（副宰相），设立了变法的新机构——制置三司条例司，让王安石总领其事。王安石选任吕惠卿、曾布、苏辙、章惇等人在这个机构中任职，共同草拟新法。

四月，王安石派遣刘彝、谢卿材、侯叔献、程颢、卢秉、王汝翼、曾伉、王广廉八人巡察诸路农田、水利、赋役的情况，为新法的制定做充分的调研。

五月，王安石建议以经义取士，经义和策论为主的基础上，增加法科。他觉得过去只是把记诵诗书、写诗作赋作为条件来选拔人才，士子不免对政事一无所知，以后国家要选拔真正有经邦济世之志和真才实学的人才。

随着新法一条条颁布，大宋朝堂上议论纷纷，让原来死气沉沉的朝堂像炸开了锅一样。

六月份的这一天朝会上，天气暑热，人人大汗如蒸。司马光见前朝名相吕端的孙子——御史中丞吕诲手执一沓厚厚的奏折，还没等他发问，吕诲就气冲冲地说道："今天我要弹劾一个人！你要是赞成，就和我一起上奏。"

司马光问道："你要弹劾何人？"

吕诲气冲冲地道："就是那个新任参知政事的王安石！"

司马光虽然不赞同王安石变法的主张，但却觉得吕诲这样做未必有效，因为神宗皇帝刚刚任命了王安石为相，将财政大权交付于他，安能出尔反尔，只凭这一纸谏书就全盘改变呢？

司马光觉得此时不是弹劾王安石的好时机，于是劝道："朝廷方喜得人才，吕兄参他做什么？"

哪知吕诲误解了他的意思，当下一拂袍袖说道："你竟然也如此说，想那王安石好执偏见，党同伐异，他日败国事者必是此人，这是心腹大患，我身为言官，岂能不言？算了，你既然不同意，那我老吕自己去皇上面前参他！"

吕诲也不等司马光再做解释，愤愤然入宫面圣去了。

果然，神宗皇帝看了吕诲的奏折，只见上面痛骂王安石："外示朴野，中藏巧诈，骄蹇慢上，阴贼害物"，又说什么"究安石之迹，固无远略，唯务改作，立异于人。徒文言而饰非，将罔上而欺下，臣窃忧之！误天下苍生，必斯人也！"当下就龙颜大怒，将吕诲的奏折一把扔在了地上。

吕诲是个倔脾气的人，虽见神宗震怒，却还是傲然而立，当着群臣的面大声说道："王安石有十大罪状，臣不能不言，不敢不说！"

神宗虽然气恼，但也不能不让他说完，于是问道："你倒是说说，王安石都有何罪？"

吕诲口才倒是极为流利，当下说道："陛下，先帝征召王安石，他竟然屡聘不就，欺君慢上，这是第一条大罪；后来他沽名钓誉，贪爵图进，见利忘义，这是第二条大罪；王安石不安君臣之分，侍讲时竟然要坐下，屈万乘之重，自居师尊，不识上下之仪，君臣之分，这是第三条大罪；为政期间，擅自更革，好名声都归了他自己，坏名声都归于皇上，这是第四条大罪；在判决登州民女阿云杀夫之事时，王安石挟情坏法，徇私报怨，这是第五条大罪；王安石心胸狭窄，小惠必报，纤仇必复，卖弄威福，怙势招权，这是第六条大罪；王安石任人惟亲，将他弟弟王安国举荐当官，还进用小人，这是第七条大罪；王安石惟肆强辩，欺凌同僚，气死耿直老臣唐介，这是他的第八条大罪；他网罗朋党，离间皇上与诸王之间的亲情，是第九条大罪；而他为祸最深者，是夺取原来的三司财政之权，另立条例司，商榷财利，名为富国，实为揽权妄为，变祖宗之法，动摇天下之心，这是第十条大罪！"

神宗听了，大为不悦，责问道："侍讲时是朕赐他坐下的，怎么也成了罪名了？王安国确实有才，行事也规矩，怎么也得罪你了？古人说内举不避亲，外举不避仇，这又有何错？另立条例司，推行新法，也是朕的意思，好个'变祖宗之法，动摇天下之心'，你这是在说朕？"

吕诲低头道："微臣不敢，这是说王安石……"

只听吕惠卿开口驳斥道："你说安石相公判决登州民女阿云杀夫一事，是挟情坏法，徇私报怨，安石相公从来不认得阿云，挟情坏法从何说起？难道安石相公和此女有私情吗？安石相公又怎么会和阿云杀死的那个乡野农夫有什么仇怨，这徇私报怨，又有何凭据？"

吕诲一时语塞，当下满脸通红，汗出如浆。

却见王安石挺身出列，对神宗皇帝说道："陛下圣明，臣一心为国，天日可鉴，吕诲所奏，全属恶毒构陷，若陛下有疑，臣请辞官归田！"说罢，一把取下头上的乌纱帽。

神宗温言道："爱卿何出此言，卿宵衣旰（gàn）食，夙兴夜寐，为朕筹划励精图治、富国强兵之道，此时正是新政的关键时候，卿如何能弃朕而去？"

吕诲听得此言，知道皇上还是宠信王安石，当下怒道："陛下信用奸佞之臣，臣请辞朝堂，誓不与王安石相见！"

神宗大怒，戟指吕诲道："你——你是在要挟朕吗？"心道，要不看你是个老臣，朕就要呼卫士当场拿你下狱。

眼见神宗脸色不善，司马光忙劝谏道："皇上息怒，吕诲虽然言语有些激动，冒犯了皇上，但他身为谏臣，自来言者无罪，如果他因言获罪，只怕阻塞了言路啊！"

神宗把龙袖一挥，愤然道："退朝！"

2

没过多久，朝廷一纸贬书下来，吕诲被贬出朝堂，到河南邓州任职。谏官钱颛、刘述，殿中侍御史孙昌龄等人联名上书，要求朝廷收回成命，结果神宗皇帝将他们一一罢免。

王安石紧锣密鼓地行动，新法又陆续推出。

七月，颁布准浙江湖六路均输法。以薛向任发运使，总管东南六路的赋税收入，掌握供需情况。凡籴买、税收、上供物品，都可以"徙贵就贱，用近易远"。原来宫中所用之物，各地按常例供应，并不管宫中是否需要，也不管各地是丰是歉，而一些巨商富贾，却趁机囤积居奇，借此赢利。因此现在由官府就近就廉来变易蓄买，从而节省费用，充实国库。

九月，立青苗法。农民播种青苗时，往往是青黄不接、经济极为贫困，而原来一些民间高利贷者就借机大肆盘剥百姓。王安石决定由朝廷出资贷民，至秋收回本金，加息十分之二，或十分之三，归还朝廷。这样既可以减轻农民的负担，还能增加朝廷收入。

制置三司条例司整日里连篇累牍地处理公文，四处的报告雪片一样传来，官员们终日忙个不停，单是糊封公函，一天就要用掉一斗面来做糊。

时近黄昏，群鸦争噪，庭前那棵古槐的叶子，随着飒沓的秋风片片飘落。王安石不禁叹吟道：

万事悠悠心自知，强颜于世转参差。

移床独卧秋风里，静看蜘蛛结网丝。

吟罢，他连声咳嗽，又喘个不停。

此时，发运使薛向小心地说道："相公这些日不少动气，加上劳心国事，以致忧思伤肺。属下从河东来，寻访得山西壶关上等的紫团参，此药对于相公的喘病，最有奇效。我这就派人送到相公府上去。"

王安石忙摇手道："万万不可。你身为发运使，是为国谋利，绝不可借机谋得私利，寻访的上等紫团参还是给宫中备用吧，安石不敢假公济私，自损德行，也给反对我们的人留下话柄。"

薛向急切地说："可是相公，这紫团参确实是对症的良药，治哮喘病最有神效，凡事从权，不如……"

王安石不等他说完，就斩钉截铁地说道："我原来没用过这紫团参，不也活到了今日吗？此事决计不可再提！"

见王安石铁青了脸，满是坚毅之色，薛向不敢再多说，悄悄地退了出去。

王安石却没有马上离开，而是坐在灯前深思。青苗法施行以来，不少朝臣纷纷反对，宰相富弼公开反对，被神宗皇帝罢了职，改派到亳州，但是富弼在当地拒不推行新法。已经致仕（退休）的欧阳修也上书，言辞激烈地要求"止散青苗钱"。最为让他痛心的是，被他亲手提拔到三司条例司的苏辙，看起来是个十分沉稳诚实的青年，居然也强烈反对青苗法，自己不得不把他贬到河南去当个小小的推官。

这么多人反对，难道我王安石真的错了吗？然而，如果因循旧规，那大宋朝岂不是要这样衰败下去？又如何能谈得上富国强兵，又如何能谈得上中兴大业？那岂不是上负君王、下负黎民吗？也许，这新法的实施，正如生育婴儿时的腹痛，是一个新生命到来的必然过程。又如剜腐肉，治肿毒，施针砭，安有不痛之理？在这个关键时刻，自己一定要挺住，正如《孟子》中所说："自反而缩，虽千万人，吾往矣！"

想到这里，王安石将桌案一拍："就这么办！"

3

王安石才回到府上，仆人便禀告："程颢大人在客厅等候您多时了。"

王安石来到客厅，只见身为御史的程颢起身相迎。程颢资性过人，修养有道，和粹之气盎然于面，他今天特地来到王安石府上，想劝一下王安石不要对推行新法操之过急。

王安石也正为推行新法的事情烦恼，下面的不少官吏对新法阳奉阴违，拒不执行；更有一些奸官滑吏，歪曲新法，借机生事扰民。程颢劝道："公性太急，正如大舟陷滩，百夫推挽不动，待得潮水涨来，自然泛流自如。新法之施，也要待机待时。"

正说着，王安石的爱子王雱跟跟跄跄地走了进来，一屁股坐在地上。只见他披头散发，手中还拿着一件女人的钗饰，没等王安石开口，王雱就斜眼看向程颢道："谈论什么事啊？"

王安石说道："哦，如今朝堂上有很多人阻挠变法，我正和程大人商议对策。"

王雱冷笑一声，大声说道："这有何难？只要将韩琦、富弼这两个糟老头子的脑袋砍下，悬于街市，自然天下震动，新法可行。"

要知道韩琦和富弼都是德高望重的老臣，大宋开国以来，出名地礼遇士人，不杀士大夫，如今焉能因为这两人不同意变法，就杀人立威？王安石闻言吃了一惊，当即叱责："别胡说！"

程颢性子温和，几十年来，很少有人见他在公众场合发过脾气，但现在听王雱这么说，他还是有些气愤，当下说道："我在和你父亲，也就是参政大人谈论国家大事，家人子弟不得参预，你还是退下吧！"

王雱白了程颢一眼，但毕竟当着王安石的面，不好发作，只好悻悻地退回了后堂。

程颢见状，也借机告辞了。

王安石气冲冲地回到后堂，却见儿媳庞氏怀抱婴儿，跪在吴夫人面前哭泣，不禁惊问道："出了何事？"

吴夫人叹气道："还不是咱家那个冤孽，儿媳这样贤淑聪慧，又刚给咱们王家添了一个麟儿，可是雾儿竟然一言不合就对儿媳又打又骂，最不可忍的是，他竟然连小小的婴儿也打，说这孩子根本不像他，是孽种。这不是污人清白吗？"

庞氏一边磕头一边哭着说："妾身绝无玷瑕，不知为何夫君竟然见疑，若非有孩儿在抱，妾身情愿自尽以证清白！"

吴夫人忙起身扶起庞氏："你一直服侍在我身边，做人清清白白，你的委屈我都知道。都是雾儿犯了疯病，待你公爹去责骂他。"

王安石拂袖起身，来到后园，只见王雾倒在荷塘泥涂之上，浑身上下满是黑泥。他对着枯荷的杆柄，挥舞着短剑，口中吟道："马尽雪亦干，沙飞石更裂……不见去时人，空流碛中血……杀！杀！杀！"

王安石喝道："孽子，还在胡闹！"

王雾一怔，倒还认得父亲，当下扔掉短剑，匍匐在污泥之中。

王安石训斥道："成何体统！你为何刚才胡言乱语，公然说要杀韩琦和富弼的头，这话是能随便说的吗？你还欺负贤良的妻子，胡说什么儿子不像你，这不是自取其辱吗？"

只见王雱突然浑身痉挛，口中吐出白沫，发起病来。王安石惊慌之下，也不便再行责问，这时吴夫人也已赶到，忙命仆人："快扶起我的雱儿，取热水来让他喝下，快请医官来诊治，快！快！"

王安石看着犯病的儿子，长叹了一口气，捻着胡须，一时无可奈何。

4

十一月，又有新法颁出，是为农田水利法。朝廷下令鼓励垦荒，兴修水利，费用由当地住户按贫富分派，不足部分向州县贷款，取息一分。一州一县不能胜任者，可联合若干州县共同兴建。新开垦的荒地，五年不纳税。

农田水利法颁布后，全国共修水利工程达一万多处，浇灌民田三十六万多顷，官田二千顷，河南、河北、陕西、山西等地的很多盐碱地、沙渍地，都改造为良田沃土。

又试用淤田法，让河流中的淤泥流入农田。经此法改造，许多贫瘠的碱卤之地改造为肥腴之田，仅开封府一地的淤田，就增产粮食二百万石。

熙宁三年（1070）十二月，一年一度的新春佳节将至。冬日的太阳红彤彤地挂在天空，并无一丝暖意，倒像是冻红了的脸蛋，但东京城的大街小巷，到处张灯结彩，人流涌动，街市上商贾云集，货摊上摆着形形色色的货物，空气中弥漫着鞭炮和烟火的硝磺味，还夹杂着一些杀鸡宰鱼的腥气，人们摩肩接踵，都忙着置办年货。

就在这时，王安石又得到一个喜讯，宫中传来旨意，拜王安石为同中书门下平章事、史馆大学士。这下王安石当上了名副其实的宰相。

朝中大小官员听了，纷纷前往王安石府中道贺。哪知王安石将宅门紧闭，门外连个仆人也没留，官员们个个摸不着头脑，扫兴而归。

吴夫人望着书房中端坐的王安石，劝道："相公，你新任宰相，却紧闭大门，将道贺的官员都挡在门外，是不是有点不近人情了？"

王安石却将眼一翻，挥手道："这些繁文缛节的事情，我素不喜欢，若是放他们进门道贺，我这一天的时光就白白浪费了。他们有什么话好说的，无非是谀辞如潮，说些陈年滥调的颂祝之词，有这工夫，为何不在我颁行新法时多出点主意，多尽些心力？"

吴夫人知他执拗，也不再劝，只是命丫环在他身边放了一盏茶，就悄悄退了出去。

王安石端坐在交椅之上，怔怔地望着门外的天空，经过一夜北风的吹荡，如灰絮一般的雾霭都已不见了，碧空如洗过一般，看上去格外清爽透彻，那一轮红日渐渐来到了中天，照耀得大地一片光明。

王安石沉吟了一会儿，将狼毫湖笔醮饱墨汁，悬肘奋笔写下一首七言绝句：

爆竹声中一岁除，春风送暖入屠苏。
千门万户曈曈日，总把新桃换旧符。

王安石望着如洗的碧空，诗兴大发……

王安石主政后，新法得以全面推行，先后颁布的新法，大致有以下内容：

经济方面：

（一）农田水利法：派官员到各州县中去考察，研究兴建农田水利的方法，开垦荒废的农田，疏浚沟渠，无论官吏还是百姓，都有兴修水利的义务，不准隐漏逃匿。

（二）均输法：设发运使，总管东南各地的赋税收入，以"徙贵就贱，用近易远"的原则来控制成本。杜绝了不根据地方实际情况一味强征的弊政，抵制了大商人囤积居奇、盘剥百姓的现象。此法期望官府设立的机构能担负起平抑物价，合理调控物资的功能。

（三）青苗法：农民播种青苗时，往往青黄不接，十分困顿，不得不受高利贷者盘剥，现由朝廷出资借贷给百姓，秋收时偿还，加息十分之二，或十分之三（较之高利贷商人，低了很多）。

（四）免役法：鉴于百姓苦于当差的现象，把人民分成数等，按收入多少缴纳免役钱，缴钱后，免征劳役，由官方出资再另行聘任无职业者充当役夫。

（五）市易法：在京师里设置一个叫市易司的机构，专门收购市场上滞销的物资，商人可用产业或金银作抵押，向市易司赊购货物进行贩卖，半年或一年后，加息一分或二分，归还市易司。（1076年，仅开封的市易司收得利息和市例钱就达一百三十三万贯，1077年又得一百四十三万贯，这相当于全国夏秋两税收入的十分之三。）

（六）方田均税法：以东南西北各一千步算作一方，重新丈量田地，分五等定税，通过清丈土地、核定税额的方法，纠正了原来"诡名挟佃""隐产漏税""产去税存"等现象，杜绝了"天下田赋，轻重不等"的弊病。

军政方面：

（一）保甲法：是古时民兵制度，组织民户自保和互保，十家为一保，设保长一人，五十家为一大保，设大保长一人；十大保为一都保，设都副保正各一人。保长由"有心力"的人担任，都副保

宋神宗解下所佩玉带，赐予王安石。

正则由其中家财最富的人担任，让所有的保丁贮弓箭、习武艺。保甲法先在开封府地区实行，后推行到全国。

（二）保马法（保甲养马法）：军马原来是依靠政府的牧监饲养，开支大，负担重，而且经常不能满足需要。保马法规定凡五路义勇保甲愿养马的，每户一匹，富户可养二匹，政府分配给马匹或给钱自行购买。每年检查一次马的肥瘠情况，马死掉了，要赔偿。养马户可使用马，如用马"袭逐盗贼"，但一般不得超三百里。

新法推行以来，国家财赋空前充足，对外军事行动也卓有成效。熙宁七年，王韶在王安石的支持下，大破西蕃，收复失地二千余里，斩获敌部一万九千余人，招抚蕃族三十余万帐，将宿敌西夏的臂膀切断。

捷报传来，大宋朝堂中一片欢腾，宋神宗亲手解下所佩的玉带送给王安石，说道："当时出兵河湟，很多人怀疑阻止，只有爱卿力主出兵，才赢得今天的这份功业。现在朕赐给你这条玉带，就是旌表爱卿的功劳。"

皇帝亲赐玉带，这在当时是无比光荣的事情，所以王安石谦逊推让道："河湟之役，是皇上慧眼独具，提拔王韶，我等都是奉旨行事，不敢独当此功。"

神宗皇帝说道："话不能这样说，当时朕也一直犹豫，要不是你力排众议，支持此事，焉有今日的功劳？这条玉带赐给你，你收好后，传给子子孙孙，将来能够成为咱们君臣知遇的证明。"

王安石不好再推辞，只得谢恩后收下。

天变人惧

——气力佃为忧勤衰

1

正当王安石身居相位，全面推行新法时，朝廷上下，却形成了一股反对新法的汹涌暗流。

新法的施行，侵犯了不少人的私人利益，比如宋神宗皇后的父亲向经。他一贯借权势中饱私囊，而市易司一设立，挡了他的财路，他便几番写信给市易司官员，请求通融，结果没得逞。曹太后的弟弟曹佾也十分痛恨市易司，他赊买人家的树木赖账不还，却让皇宫中的内臣化名诬告市易司。此外，向经和曹佾经常在神宗面前说新法的不是。

还有一些人明里暗里抵制新法。这一天，王

安石刚刚从府中出来，就被一大群操着山东口音的百姓拦住。这伙人神情激昂，为数众多，看起来有上千人。

当先一人是个白发苍苍的老者，他颤巍巍地跪倒在地："相爷开恩，求相爷废了新法，罢了助役钱吧！"

这"助役钱"是新法中免役法的一则。衙前的差役本来是轮流服役，是一种摊派性的劳役，现在改为民户向官府交钱，由官府雇人服役。

王安石说道："这免役法，本来是为了免除大伙服役之劳繁，让愿意种田者可以安心种田，愿意当差者可以当差度日，有何不好？听说很多百姓都惧怕当差，这免役法又有何不好？"

只听那些百姓鼓噪说："这助役钱实在是交不起啊！而且交了钱后，官府出钱太少，哪有人愿意去当差，还是不免被摊派，这助役钱岂不是白交了吗？"

王安石越听越怒，当下问道："不是低等民户不必交这笔钱吗？你们是哪个县的，长官是谁？"

那些百姓答道："相爷，我们没有听说这回事啊！我们是山东东明县来的，县令是贾蕃。"

"你们为何不向贾蕃申诉？要知道聚众上千在京城鼓噪，大失体统！若不是念你们也有疾苦在心，本相定要治你们一个聚众作乱之罪！"王安石愤然说道。

那些百姓纷纷跪倒在地说："相爷开恩，我等来此，正是贾县令让我们来的，他说只有大伙儿一起到京城拦住相爷的马头申诉，才有希望废行新法！"

"岂有此理！"王安石心头火起，原来是这个贾蕃在背后鼓动，这事非查不可。他当下对百姓说，贾蕃是在歪曲新法，事后一定还大家一个公道。众人才纷纷散去。

王安石入宫之后，宋神宗就问道："听说有上千人拦住你的马头，鼓噪生事，到底是为何？"

王安石答道："是范仲淹的女婿贾蕃，不但歪曲新法，还故意唆使百姓生事，臣请彻查此人。"

神宗默然不语，过了一会儿，才点了点头。

2

王安石出了宫，急令开封府侦办此事，立即派人到东明县将贾蕃带来对质询问。哪知差人到了东明县，却发现贾蕃早已不在。原来老臣文彦博早已下了调令，将他调到了进奏院任职。

此时的贾蕃，正被文彦博用丰盛的酒宴招待。文彦博说道："贾老弟这一手干得漂亮，连天子都惊动了，朝堂上也纷纷议论，说王安石的新法不得人心。"

贾蕃捧着酒杯笑道："这黑脸王安石得罪了太多的人，翰林学士范镇、御史刘颁、苏轼、苏辙兄弟，都被他赶出了朝堂，连我的妻兄范纯仁，也因为不支持新法而被罢黜。不过，他不可能把所有的官都罢掉，我们这些人，对他的新法很多都是阳奉阴违。欧阳修大人在青州坚决停止发放青苗钱，像陈留县的姜潜，将青苗法的告示放在县城门三天，然后放乡下三天，做做样子就撤榜，百姓都还没明白是咋回事呢，实际上根本就不施行。还有的，就像我这样，故意激起民愤，比如王广廉在河北，就强行摊派青苗钱，不想贷也得贷，没田的住在城里的人也得贷，于是百姓气愤不已，都骂王安石，哈哈！"

文彦博捻须笑道："做得好！老夫再趁机联合韩琦、司马光等人，一起上奏，罢了王安石，废了新法！"

当时，正好华州发生了地震，文彦博趁机上书给皇上："近来华山崩坏，正是天意示警，皇上不能再用王安石的新法乱政了！"

一贯反对新法的司马光也对神宗说："施用新法，虽然暂时财赋丰足，但不出十年，就会出现民间连富户都财力匮尽的局面，然后一有水旱灾害，或者四夷来侵犯，就会出现百姓羸弱者填于沟壑、强壮者揭竿造反的局面。当年的陈胜吴广、赤眉、黄巾都是这样。"

神宗听了，心下踌躇不定，闷闷之中退朝而归。

神宗回到宫中，换上便装，看见自己的两个弟弟赵颢和赵頵前来探问。他们见宋神宗闷闷不乐，于是说："皇兄，想你未登大宝之时，我们兄弟经常一起踢球为乐，何等快意！如今有了君臣之分，却无法像原来一样畅爽了！"

宋神宗一听，忆起当年和兄弟们挥汗如雨，在球场玩耍的日子，也是怦然心动，当下说道："有何不可？今日咱们就没有君臣之分，再痛痛快快地踢上一场球！"

当下侍从们赶快铺下红毡，又赶紧弄了净水洒扫球场，这球场刚刚修整过，反复用石碾压得镜面般平整，又遍浇了麻油，即便是天干不雨，也不起灰尘。

神宗笑道："你们原来经常输给我，今天出什么利品啊！"

赵颢说道："小弟有件蜀锦新袍，虽然比不上宫中之物，但夏天穿了，倒是十分舒适。"

赵頵说："我新得了一个巧嘴鹦哥，可以供皇上一观。"

神宗笑道："我的利品可不寻常，是当年后蜀之主孟昶府库中的镇库之宝。"说罢吩咐内监："取我的七宝玉带来。"

哪知赵颢、赵頵却突然跪下说："我等赢了这场，情愿不要利品，只求皇上废了新法。"

神宗听了，勃然色变："国家大事，安能作为赌赛的利品？算了，球也别踢了，朕回宫去了！"说罢，一拂袍袖，就自顾自地离开了。

哪知，回到宫中，点亮灯烛，他又看到已远调为河北安抚使的老臣韩琦写来的一封奏章，请求罢行青苗法，说得很是慷慨激切。神宗不禁感慨："这韩琦已是年迈老臣，却还心系社稷，也是一片忠心啊！"于是叹息良久，方才入睡。

3

第二天上朝，宋神宗召辅政重臣入延和殿议事，当下说道："韩琦在外不忘王室，真忠臣也。朕以为青苗法是惠民之举，哪知道有些地方变成了害民之行！有些地方甚至连不种田的城里人也要强行借贷青苗钱，这不是蛮不讲理、盘剥百姓吗？"

王安石听了，气得满脸泛红，慨然说道："如果能达到富国强兵的目的，就算有些小的失误又有什么？汉朝桑弘羊刮取天下货财是为了人主的私利，而我朝行的是周公遗法，抑豪强、扶贫弱，取财也是为了兴利天下，这又有何不可呢？"

宋神宗一时没了主意，踌躇不定。王安石气愤难平，当下告退离开。见王安石走了，宋神宗又对另外几位大臣说："青苗法既然不当，不如下旨罢行？"

三朝元老曾公亮说道："此事还需慎重，待臣等细细访察，果然弊端极多，再下旨罢行。"

神宗听了，觉得有理。回宫后，他也派两个内监到京城附近的州县去察访民情，了解青苗法的利弊。

王安石告退之后，回到府中，越想越气，于是托病不去上朝。宋神宗见王安石多日不来朝中，只好让他的副手吕惠卿暂时代理。

这天朝罢，宋神宗闷闷不乐地问道："朕那次要罢行青苗法，只是对事不对人，王安石为什么这样生气，竟然连日不上朝理事？"

王安石的好友韩绛说道："陛下如果决意推行新法，非要有王安石不可。至于有人谤议王安石，这也很正常，古时的圣人孔子、贤人子产，一开始主持政事时，也都有人毁谤，所以陛下如果坚持留下王安石，待得新法生效、天下富强时，必然是众口称颂呢。"

恰好，出去巡访的两个内监也回来了，向宋神宗汇报说："所访的几个州县，青苗法推行后，百姓无不交口称颂，人人欢喜。"原来这两人深知神宗的脾气，听得新法可行，便生欢喜，所以虽然两人察访的情况说好说坏的都有，但两人一合计，觉得还是说青苗法好，皇帝会更高兴。果然听两人这样一说，神宗龙心大悦，当下赏赐两人金帛器玩。

老臣文彦博见韩琦的奏疏没了动静，不禁又追问宋神宗，再弹青苗法害民之类的论调。

宋神宗怫然不悦，说道："朕亲自派两名内监去调查过了，都说青苗法施行以来，百姓欢悦。"

文彦博白胡子乱颤，满脸涨红地说道："皇上宁愿信任两个内宦，却不信任韩琦这样的三朝老臣吗?"

宋神宗心中大怒,但文彦博毕竟年高德劭,是个重臣,不便当面加责,当下不说话,只是一脸怒气地望着他。

文彦博当然知道触怒了皇帝,当下只好自找台阶,告退出宫。

4

哪知谏院中又冒出来个跳梁小丑叫唐坰的,此人本来是因父荫得官,后来赐进士出身。一开始看王安石很得势,于是大肆鼓吹新法,并说要立新法必先杀几个人立威才好,但后来和王安石要官不成,又转而衔恨。

这一天,唐坰找人来算卦,算卦先生装模作样地持筹画算一番,然后取了一张卦影给他,只见这张画上一个人穿着金边紫袍,手拿一张弓,一箭射落一只山鸡。

唐坰追问到底是何寓意,卜卦人只是说"天机不可泄露,此后自知"之类的套话。

这几天，唐坰见王安石数日不曾上朝，心下暗自盘算："这王安石生于辛酉，想必就是画中这只鸡，拿弓箭的，就是我了？只有射落了王安石，我才能穿上紫袍？对，就是这个意思。"

有了"天意"做支持，唐坰越发胆大包天。于是这次朝堂之上，唐坰忽然越众而出，声称要弹劾王安石。他用公鸭嗓高声叫道："臣弹劾王安石作威作福，一手遮天，令天下只知有王安石，不知有皇上。"他转头盯住副宰相王珪说："像你，唯唯诺诺，简直就是王安石的奴才！"

"还有大臣元绛、薛向、陈绎，王安石对他们颐指气使，也和家奴一样。朝中的张琥、李定都是王安石的爪牙，台官张商英是王安石的鹰犬。王安石这个人，违背了他的意思，虽贤也视为不肖，依附他的人虽不肖也视为贤！"

宋神宗见他牵涉朝臣极多，越说越不像话，几番制止，可唐坰还是大声嚷道："这王安石，就是唐朝的大奸相李林甫和卢杞那样的人！"说罢，愤然告退。

宋神宗气得浑身哆嗦，命人降旨把这个唐坰贬出朝堂，发往广州当个管军资库的小官。唐坰偷鸡不成反而蚀米，这才领悟："原来卦像之中被射落的鸡，不是王安石而是我啊！"

5

王安石这几日不来上朝，并非完全因为负气托大，而是家中出了一件事：

这天，王安石刚刚退朝而归，却听着内院中一片哭声，忙找来吴夫人询问。吴夫人眼睛红肿，对王安石哭诉："雱儿这个孽障醉酒之后，对他媳妇庞氏又打又骂，还要打才满周岁的儿子，结果小宝宝被活活吓死了！"

王安石怒不可遏，当下提剑就要去寻王雱，吴夫人拼死拦住，劝道："雱儿这孩子神志不清，犯了疯病后自己也不知道干了什么，现在他也痛悔得不得了呢！"

王安石岂不知道王雱的病情，当下掷剑于地，仍气愤难平。过了一阵，他对吴夫人说："你把儿媳庞氏找来。"

只见庞氏哭得梨花带雨，王安石叹道："我们王家实在是对不住你，儿媳你受委屈了！王雱实在不是个东西，你还是另寻佳偶吧！"

庞氏哭道："儿媳并未犯七出之条，为何落得这样的下场？"

王安石温言道："儿媳你误会了，我并非是要把你休出家门，而是要把你嫁出家门！我们夫妇认你为义女，从今天起，你不再是王家的儿媳妇，你是我王安石的女儿。我给你物色一个好人家，再给你丰厚的嫁妆，把你嫁出去，希望你后半生夫妇和美，伉俪相谐。"

庞氏哽咽着，一时说不出话来。

没过多久，王安石果然替庞氏选了一个才貌出众的官宦子弟，将她嫁出家门。一时间，街头巷尾，传为奇谈。

6

从熙宁六年（1073）开始，大宋遇上了百年不遇的灾害。次年河北、河东、陕西、京东西、淮南诸路久旱不雨，粮食绝收。河塘池沼尽皆干枯，甚至连人畜饮水也有困难。

福无双至，祸不单行，长期的天旱不雨，让蝗虫有了泛滥的机会，那铺天盖地的飞蝗到处肆虐，见什么啃什么，把本来就因干旱而稀疏的草木庄稼啃得一干二净。

宋神宗心急如焚，令各地的地方官专门汇报当地的雨情，身为密州知府的苏轼写道："臣所领密州，自今岁秋旱，种麦不得，直至十月十三日，方得数寸雨雪，而地冷难种，虽种不生，比常年十分中只种得二三。"

这时候，攻击王安石的声音又甚嚣尘上："都是因为王安石谬行新法，祸乱天下！"

"王安石曾狂言'天变不足畏，祖宗不足法，人言不足恤'，这是触怒了上天啊！"

"调燮阴阳，是宰相的职责，这是宰相有了过失，天意来示警！"

"只要罢免了王安石的宰相之位，必然天降甘霖！"

……

宋神宗被这些流言弄得神魂不定，先下了一道罪己诏，命宫中裁撤丰盛的宴席，不穿奢侈的华服，又多次在郊庙社稷及宫观寺院向上天祈祷，然而心急如焚的他还是看不到效果。

这天，宋神宗召来王安石问道："如今天下大旱，是不是我们执政有什么过失啊？"

王安石昂然答道："水旱之灾乃是常有的事，就连尧帝、商汤那样的明君在世时也难免会有。陛下即位以来，已是累年风调雨顺，五谷丰登，就这两年有了些旱灾，又有什么奇怪的？陛下不必担心，只要做好我们的事，天灾必然可以克服。"

神宗叹息道："唉，这可不是小事，朕所恐惧的，正是因为我们没有把事做好，所以上天才示警啊！"

王安石默然不语，宋神宗见王安石神情憔悴，两鬓的白发似乎又多了不少，当下长叹了口气，起身回后宫去了。

7

熙宁七年（1074）三月，夜色深沉，整个京城都在熟睡之中。突然，巍峨的宫门外传来了一阵急促的马蹄声，然后宫门前的鼓声随之响起。这是有紧急边情的讯号。除非有重大的事件或军情，绝对不会有人在这个时候打扰皇帝的。

寝宫中，宝鼎余香袅袅，宋神宗独卧在锦帐牙床之上，望着摇曳不定的金字红烛出神。只听小宦官禀告："启禀圣上，银台司有马递奏来，不得不惊扰圣驾。"

宋神宗一听，也是非常吃惊，难道边关有了紧急军情？他慌忙起身，接过小宦官递过来的奏章，打开看时，却发现并非是边关军情，而是一个看城门的小吏叫郑侠的，谎称有紧急边情，私自发"马递"直达宫中。

这奏疏是个长卷，神宗缓缓展开，只见上面画的是一幅《流民图》，画上的百姓一个个衣衫褴褛，瘦骨嶙峋，他们扶老携幼，背井离乡来到京城逃荒要饭。他们有的扑在地上嚼草根，有的去剥树皮吃，有的几个人抢一碗粥饭，还有的就在年幼的儿女头上插上草标，打算卖掉换两个钱，有的人已经倒毙在路旁，成为一具具饿殍。与之形成鲜明对比的，是一群膀大腰圆的悍吏，他们满脸横肉，手拿皮鞭对着百姓抽打，将他们驱出京城……

宋神宗没等看完就流下泪来，再看郑侠的奏章中写道："去年就有蝗旱之灾，麦苗焦槁，到处颗粒无收，希望陛下开仓赈济灾民，废行新法。臣只是个监守城门的小吏，但图中所画的，都是臣每日所见，好多人只看到臣画的画，就忍不住啼哭，何况真实的情景还要惨过图画很多倍！臣知道职位卑小，这才冒死谎称有紧急军情，发马递上奏。如果陛下按臣的建议，废除新法，抚恤百姓，十日之内再不下雨，那就请陛下把臣押到宣德门外处斩，以正欺君之罪。"

神宗读罢，不胜感慨，郑侠只是一个小吏，而且原来还是王安石推荐上来的，现在为什么甘冒欺君的罪名，画图进谏呢？可见形势已经到了什么地步！

这件事情也惊动了太皇太后曹氏和高太后，她俩向神宗说："千万不能再施行新法了！"

神宗默然点头，当晚辗转吁嗟，彻夜难眠。

第二天一上朝，宋神宗就让内监颁旨："开封体放免行钱，三司察市易，司农发常平仓，三卫具熙河所用兵，……青苗、免役权息追呼，方田、保甲并罢。"

王安石一大早见皇帝把新法中的诸多重要事项一一废止，不禁惊愕异常。退朝之后，王安石来到延和殿，向神宗问道："圣上何故罢行新法？"

神宗长叹了口气，说："你认识郑侠这个人吧？"

王安石一怔，随即答道："此人和我有师生之谊。臣守母丧回江宁时认识了这个后生，他为人朴实好学，后来我曾举荐过他，不过他一直对新法有所非议，甘愿当个门吏之职。"

宋神宗从袖中取出郑侠的奏疏以及那幅《流民图》，递给王安石道："爱卿自己看吧！"说罢长叹了一口气，离开了延和殿。

王安石留在延和殿中，看着这《流民图》，一时百感交集："我一心推行变法，就是为了让国家富强，百姓安乐，为什么变成了这种状况？为什么？"

他的胸口，仿佛被一个大铁锤狠狠地砸了一下，又痛又闷，几乎喘不过气来。他呆立在这冷冷清清的大殿之中，一动不动，活像一尊石刻的雕像。

8

次日，王安石上表，请求辞去宰相职务，一如既往，宋神宗下旨挽留。

然而，王安石再次上表，恳求回乡养老。宋神宗心知王安石此时不宜再留在朝堂，只好下旨准许，改封王安石为吏部尚书、观文殿大学士，去江宁府任职。

离开京城的王安石，回头望着汴梁城高大的城楼，心中百感交集，七年前，他怀着满腔的热情走了进来，要实现扶济天下苍生的夙愿，然而，现在却带着愁闷的心情黯然离开。个人的名位其实无关紧要，可自己这么一离开，新法的命运堪忧啊。虽然神宗皇帝用吕惠卿替代他的职务，又用韩绛为助手，这两人都是王安石的追随者、坚定执行新法的人，当时一些守旧的人讥讽韩绛是"传法沙门"，吕惠卿是"护法善神"。然而，自己亲力亲为，变法的航船还不时搁浅，如今神宗的态度已经动摇，新法还能贯彻下去吗？

一路上饥餐渴饮，晓行夜宿。这一天，王安石从旱路登船，沿江到了瓜洲。傍晚时只见两岸碧草青青，朗月高悬，轻风吹来，王安石不禁心潮如涌，他取过纸笔，挥毫写下《泊船瓜洲》：

京口瓜洲一水间，钟山只隔数重山。
春风又到江南岸，明月何时照我还。

写罢，王安石看了看，摇头道："到"字不好！于是挥笔改为了"过"。吃罢饭，再看此诗时，王安石又把"过"字圈去改为"入"，改来改去，王安石突然拍手大笑道："好，这个字好！"

吴夫人问道："什么字这么好？"

王安石笑道："想了半天，终于找到一个安稳的字了，这就是'绿'字，春风又绿江南岸，好！"

两度罢相
——谁似浮云知进退

1

王安石离开朝堂之后，本性奸邪的吕惠卿"一朝权在手，便把令来行"，暴露出他的丑陋面目。司马光早就看出他是个十足的小人，王安石的弟弟王安国也曾当众讥讽过他，可王安石当时却被吕惠卿的假面所迷惑，认为他是真正支持新法、能为变法出力的人物。

吕惠卿掌权之后，马上打击报复原来和他不睦的人。他指使亲信章惇寻找曾布的过错，将他逐出朝堂；又追究郑侠私发"马递"、诈称有军情的事情，并声称他是受朝中大臣冯京和王安国的指使，将这二人也罢黜贬谪。

同时，吕惠卿又大肆提拔自己的亲信，将自己的弟弟吕升卿、吕和卿以及小舅子方希觉都推荐到朝中当官。

这天，吕府中张灯结彩，在新落成的后花园中大摆酒宴。这花园在吕惠卿摄政之后刚刚扩建修成，东、北、西三面由马蹄形的假山环抱，南面的正门，是一个匠心独具的假山石洞，由这石洞入门之后，迎面是一块巨大的太湖石，石涡重叠，孔洞勾连，高达数丈。

花园正中有一池塘，荷花正在竞相开放。吕惠卿命人在摘花亭上摆上酒席，把吕升卿、吕和卿以及小舅子方希觉都约来赴宴。一时间，各种山珍海味络绎不绝地送上席来，还有一班歌姬在席间轻歌曼舞，劝酒助兴。

只见吕惠卿吃得面红耳赤，举杯嚷道："那黑脸汉（指王安石）如今贬出朝堂，以后这朝中大权就是咱们吕家的了！"

吕升卿、吕和卿和方希觉都纷纷附和："望大哥再度高升，官居一品！"

吕惠卿三角眼一翻，吐出口中的鱼刺，说道："这朝中，还是有很多刺啊！"

吕升卿说道："咱们一个个收拾，来个瓜蔓相抄，凡是沾边的人都弄到监狱里去。最近我们办郑侠案，就连原来宰相晏殊的小儿子晏几道也牵连进去了。这样自然人人惶恐，不敢和咱们做对……"

"办得好！"吕惠卿又干了一杯美酒，接着说："这样还不够。王安石之所以能当上宰相，大权在握，主要是讨得皇上的欢心。皇上为什么用他，主要就是为了敛财，王安石的新法能弄到钱，皇上自然喜欢。"

吕和卿眼珠一转，有了坏主意，当下说道："既然如此，咱们就再立一条新法，叫'手实法'，施行以后，必然能大大增加财赋，皇帝的府库给装得满满的，岂不欢喜？"

听了此话，几人一齐发问："这'手实法'是什么意思？"

吕和卿晃着脑袋，得意洋洋地说："咱们让所有百姓都评估一下自己的家产，房子、田产、牲畜、家禽之类都算上，然后按五分之一征收税钱。"

方希觉打了个饱嗝，结结巴巴地说道："这——这不见得能成吧？百姓肯定会虚报、少报，朝廷哪有那么多的官吏一一查实？"

吕和卿脸露狰狞之色："如果有人作弊隐瞒，我们可以再加上一个规定，让他们互相举报，如有隐瞒，就没收全部财产，举报者可以得三分之一。"

吕惠卿奸笑道："好，这主意好，看哪个刁民敢不交足税钱！"

不久，手实法就在全国各地推行，以致民怨沸腾，而且吕惠卿的鼓励告密制度，令乡中奸猾之徒趁机生事，一时间鸡飞狗跳，乡民们互相告讦，讼事不绝。

在密州任知府的苏轼，目睹这一切后，上书给韩绛，说现在推行手实法，不但盘剥百姓，而且严重败坏了社会风气，让本来朴实忠厚的百姓互相提防互不信任，这绝非是治天下之根本，也和天子教化黎民的宗旨相违背，他坚决要求废除"手实法"。

韩绛是个有正义感的官员，他感觉吕惠卿越来越嚣张跋扈，他的种种做法，并不是坚持新法，而是破坏新法在人们心中的形象，这样下去，会彻底失去民心。

于是他在灯下写了一封奏章，密呈给神宗皇帝，请求让王安石回到朝中，重新主持政局。

2

眼看到了冬季，一个铅云满天的日子里，神宗皇帝闷闷不乐地和群臣一起到郊庙祭天。

典仪方罢，宋神宗忽然叹了口气，随口说道："也不知王安石现在如何？"

韩绛答道："王安石现在江宁，每日以读书为乐，对国事也很是忧心。"

吕惠卿唯恐宋神宗又起召回王安石之意，马上进谗言："王安石年过五十五，也该颐养天年了，皇上要是念他旧日有功，不如加封他为节度使，参同宰相的级别。"

吕惠卿的意思是给王安石加封一个虚衔，从而断绝他重新执政的渠道。

哪知神宗皇帝并不糊涂，他一眼就看穿了吕惠卿肚里的小算盘，当即斥责道："节度使一般都是用来安置那些有过错的官员，王安石离开朝堂并不是因为有过错，为什么给他这个官衔？"

吕惠卿来了个烧鸡大窝脖，当下神色尴尬，汗出如浆。

吕惠卿弄巧成拙，反而坚定了宋神宗召回王安石的决心，第二天，神宗就派人带了诏书去江宁召回王安石。

王安石接到诏书，不禁喜色满面，忙对吴夫人说："快点收拾行装，咱们要回京城去啦！"

吴夫人也是又惊又喜，忙令仆人们赶快收拾东西，准备路上的盘缠和食物，雇车备轿，准备启程。

王安石坐在厅上，见吴夫人指挥仆人将一张藤床抬上车，当下阻拦道："夫人，这只藤床不是咱家的东西，是借江宁官府的。"

吴夫人柳眉一竖："一张小小的藤床，又不是贵重之物，还分什么官家的私家的？"

王安石在藤床上看书。

说罢，她扭头走到后堂，收拾别的东西去了。

过了约莫一盏茶的工夫，吴夫人回来一看，王安石正坐在那张藤床上看书呢。王安石头发多日不洗，衣服经旬没换，吴夫人当下恼恨地说："你这是成心的吧，算了，这张藤床不能要了，就你这身味儿，我还怎么往这上面躺？"

王安石"呵呵"一笑，像个恶作剧的顽童一般，仆人们都想笑却不敢笑出声来，心道："咱们的拗相公在朝堂上神色凛然，人人害怕，连皇上也让他三分，原来也有这样的神态啊！"

别不多述，王安石星夜兼程，很快就回到了朝堂，再执相权。

3

然而，此时的朝堂，形势已非昨日。

吕惠卿固然对王安石百般排斥、心怀叵测，而韩绛由于一度执掌大权，尝过权力滋味的他，也不愿意和以前一样，事事听命于王安石。

这一天，在金殿之上，王安石和韩绛就当场发生了冲突。

王安石奏道："现在市易司的官员并不懂商业上的事务，不知买卖次第，所以不宜再留任，应该换成刘佐这个人。"

韩绛当即反驳："刘佐？这个人原来犯过错误被贬了职，怎么还能再用他？"

王安石道："有了错误，难道就不能戴罪立功吗？市易司很多业务，非熟悉者不能办，这七八万贯的场务，没有能干的人，根本难以运转啊！"

要是放在过去，韩绛可能就不再争执了，但他掌握大权之后，脾气也随即长了不少，当下愤然说道："这是在破坏国家法度！"

宋神宗见两人争得面红耳赤，于是劝道："都是为了国事，何必动怒呢！要不这样吧，让刘佐暂时办理这些事务，如果他真的办得好，再正式封他这个官职。"

然而，韩绛却不满意了，他愤然说："要是这样的话，臣无法立足于朝堂了，臣请辞去现在的职位！"

宋神宗当下安慰道："韩爱卿，何必如此置

气，这不是一件芝麻小事嘛！"

韩绛仍然郁闷地说："圣上请看，就这样一件小事，介甫都不能容我做主，何况是大事？我在这里也就是个摆设，还不如远到下面的州县去做官，为朝廷做点实事，我意已决，请皇上恩准。"

第二天，韩绛果真上表，要求外放到许州。王安石听了，忙上表请求皇帝依照韩绛的意思，免了刘佐，另换他人。但韩绛和王安石之间嫌隙已生，无法弥合，韩绛最终还是离开了朝堂。

韩绛一直是王安石的得力助手，如今离开了朝堂，王安石就更加孤单了。

4

而此时的吕惠卿对王安石越发忌恨，千方百计地找机会陷害王安石。

吕惠卿深受王安石的恩惠，正是王安石一手将他提拔到这个位置的，二人有师生之谊。吕惠卿曾厚颜无耻地说："我自小读儒家的书后，知道孔圣人是最值得尊敬的；读佛家的书后，觉得佛祖也是很值得尊敬的；但如今我才认识到，只有王安石才真正是我尊敬的，可以做我的老师的。"

然而，这时候的吕惠卿却露出磨牙吮血的本相。

这一天，吕府的一个密室之中，灯影幢幢，吕惠卿正和两个兄弟计议，目标只有一个：扳倒王安石！

吕惠卿捻着胡须，气急败坏地说道："王安石还真是块又臭又硬的石头，我不信就扳不动他！"

吕升卿说道："曾公亮说过，皇上和王安石简直就是一个人，扳倒他，有点难啊！"

此言一出，吕和卿就反驳道："你休得长他人志气，灭自己威风，现在皇帝对王安石可不像从前了。"

然后吕和卿又放低了声音，悄悄说道："现在正有一桩大案，是宗室赵世居的谋逆案，这个人是本朝太祖的子孙，皇帝一向对他十分猜忌，如今有人揭发他私藏图谶，意图谋反，这大狱肯定是要兴起来了。"

吕惠卿却道："据我所知，这赵世居和王安石平素并无交往，如何能牵连到他的头上？"

吕和卿笑道:"人嘛,彼此之间互有关系。王安石固然和赵世居没有关系,但有一个叫李士宁的道士,这家伙四处串游,是赵世居那里的常客,王安石那边也去过,我们不如将此人定下谋逆的重罪,到时候王安石自然也要吃瓜落!"

吕惠卿奸笑起来:"这个主意好!自来谋逆大案,沾上就要赔上半条命,王安石曾经亲笔写过《寄李士宁先生》的诗篇,赖也赖不掉。如果把李士宁定为谋逆的主谋,这王安石就算是块巨石,也要给砸个粉碎!"

5

不久,李士宁谋逆的种种证据都送到宋神宗面前,然而,宋神宗却有意淡化此事,不想牵连到王安石,只将赵世居处死,李士宁判了杖脊后发配湖南编管。

吕惠卿狗急跳墙,赤膊上阵,亲自写了奏章诋毁王安石,说:"王安石屏去贤人,和奸人为党,经常移怒行狠,违抗法令和规章,欺蒙皇帝。"但宋神宗看了，却没有任何表态。

这一天，宋神宗在散朝之后，专门将王安石留在偏殿中赐茶。神宗脸上露出一丝狡黠的神色，说道："吕惠卿这个人，不是真心助你的，你以后可要留意啊！"

王安石当时一直忙于事务，对吕惠卿背后这些小动作根本没有觉察，听了这番话，王安石略带惊讶地说："不知道吕惠卿有什么不好的地方？"

宋神宗说道："吕惠卿嘛，此人忌能、好胜、不公，实在不是个贤人。"

王安石还完全蒙在鼓里，替吕惠卿申辩道："他虽然有一些缺点，但他确实是个人才，陛下不要以一点小瑕疵就带有成见，这样他会不安于位，不能够塌下心来为国效力。"

宋神宗从袖中拿出一纸奏章，递给王安石道："爱卿自己看看吧。"说罢就起身回后宫去了。

王安石拿过来一看，原来正是吕惠卿弹劾自己的奏章。那些恶意诬蔑的字句，仿佛是一支支带着毒液的利箭，射到王安石的心中，他不禁暗自发问："我对他一片赤诚，为什么他要这样诬蔑我？"

宋神宗既然还是坚决支持王安石，吕惠卿的命运就可以预料了。不久他被逐出朝堂，贬到陈州。然而，恼羞成怒的吕惠卿最后还反噬一口，他把以前和王安石来往的信件，选了有"无令上知"（不让皇帝知道）之类的话的，呈给皇帝，来离间宋神宗和王安石之间的感情。

当时，王安石和吕惠卿推行新法时，有些方案只是讨论，尚未成熟，所以他不想让宋神宗过早地知道，以免干扰思路。但这些私下里商量的事情，却给了吕惠卿足够的把柄，他说这是王安石故意欺君瞒上。

这件事，果然给宋神宗和王安石君臣之间制造了不少的嫌隙。宋神宗对王安石不再像以前那样言听计从了，新法的推行也是时断时续。王安石叹道："就像煮一锅粥饭，刚要烧开，又加上一瓢凉水，这怎么能成？"

福无双至，祸不单行，王安石的爱子王雱在此时因病而逝。一时间，王安石哀悔不已，五十六岁的他，已是白发苍苍，心力交瘁。

这一天，宋神宗突然问王安石："听说爱卿想辞去相位，再回家乡？"

王安石有些愕然，随即答道："臣年老力衰，早有去意，但陛下一直坚留，所以没敢请辞。"

宋神宗呷了一口茶，笑而不语，神情很是耐人寻味。

王安石心中雪亮，这是皇帝想要自己辞位了，是该离开了。对于权位，他没有丝毫的恋栈之情，只是他这一去，新法的推行必然半途而废，然而，这不是他能左右的了。

"时来天地皆同力，运去英雄不自由"，王安石望着高大巍峨的宫门，回头吟叹出这首唐人旧作。这是他此生最后一次望见皇宫的大门。

回到家中，王安石随即就写了表章请辞。和以往不同，这次神宗很快下旨：封王安石为镇南军节度使、同平章事，判江宁府。

归老钟山
——茅檐相对坐终日

1

蒋山青，秦淮碧。江宁府的东门外，多了一座半山园，这就是王安石的居处。然而，这个名叫白塘的地段十分荒僻，所谓的半山园也并非满是亭台楼榭的园林，只有几间简陋的房屋，甚至连院墙也没有。

在出京城前，神宗皇帝特意赐给王安石一匹宝马，然而这匹马出产于北地，到了湿热的江南，不适应当地的气候，很快就病死了。于是王安石出行时，经常是骑一头毛驴在山野间闲逛。

这一天下午，正是秋老虎的天气，暑热并未全

老卒牵驴，王安石在驴上看书。

消，钟山林间的幽静小道上，倒是有清风习习。提刑官李茂直让仆役抬了竹轿，一队兵卒呵斥开道。忽见有一老卒牵着一头瘦驴，驴上一位老人正在自顾自地看书，兵丁于是吼道："山乡野人，没长眼睛吗？没见提刑大人到了，还不赶快回避！"

岂知这老卒昂然答道："有眼不识泰山的奴才，你可知道这位是谁？这是朝廷封为镇南军节度使、同平章事的王大人，比你家提刑官要大好多级，还不赶快来参拜！"

兵卒将信将疑，慌忙报知李茂直。李茂直倒是知道王安石正在江宁隐居，当下慌忙来拜见。王安石下了驴，就和他坐在路边叙话。

李茂直的左右忙替他搬来交椅，王安石却只有个随身带的杌（wù）子，李茂直颇有些过意不去，当下说道："相公如今年迈，游山最好让人用肩舆抬着，这样既安稳，又自在。"

王安石却淡然一笑："能用牲畜的力气，还是用牲畜好，我为官几十年，最不喜轿子肩舆之类，我觉得大家彼此都是人，自己省了力气，却苦了别人，于心何安？"

李茂直脸上一红，于是改变话题："相公每日游山，兴致不浅，不知道今天欲去何处寻幽访胜？"

王安石尚未作答，那个牵驴的老卒却开口了："相公游山，才没个计较。路不好时，就让老汉牵着驴走，路好的时候，相公就让驴自己走，老汉就跟着驴走，走哪算哪。相公累了，或者走到风景好的地方，就停下来歇息，有时候遇到寺院，也进去游览一番。"

李茂直暗暗称奇，又问道："那相公如何饮食？"

王安石笑道："囊中有饼十余枚，我们饿了就吃，吃不了就喂驴，有时候遇见田家炊饭，也跟着吃一顿。"

李茂直叹息道："相公如今真可谓隐居田间，名利不萦于心了。"

不多时，太阳转到了西边，直晒在两人身上，李茂直的手下慌忙张伞，遮住了他，却没有顾及王安石。李茂直当下叱道："没看到相公正在被日头晒着，怎么只顾我这边，不顾相公？"

王安石摆手谢绝道："不用，不用，假若来世转生为一头牛，不但常被日头晒着，还要下力耕田呢！"

李茂直当下愕然，想不出什么话来应答，却听王安石说道："老夫僻处山林，久不闻政事，不知朝中又有何新鲜事？"

李茂直答道："相公，其他倒也没什么，皇上还是维持新法，司马光屡次上表要求废除新法，皇上不许。再就是苏大胡子这家伙倒了大霉，这厮仗着自己有点文墨，竟写诗讽刺朝廷，现在被逮起来关进了乌台（御史台，审查官员的机构），皇上十分震怒，恐怕不久就要人头落地了。"

王安石惊问道："你说的可是苏子瞻（苏轼字子瞻）？"

李茂直说道："是啊，这人一贯反对新法，忤慢相公，如今沦为待宰之牛、就汤之鸡，哈哈！"

没等李茂直笑完，王安石突然作色道："岂有盛世杀文士之事乎？苏子瞻虽然狂妄，但只是个吟风弄月的文士，当年以魏武帝的阴狠猜忌，尚且不杀祢衡。不行，我要立刻上表给皇上。"

说罢，王安石就起身骑上驴匆匆离开了。

道旁，剩下一脸迷茫的李茂直，他疑惑道："这王相公不是和苏轼是死对头吗？怎么现在听说苏轼要被杀，他这样心急？这可真让人想不明白了。"

2

回到家中，王安石急忙提笔写了一封奏章，劝宋神宗万不可对苏轼处以极刑。写罢之后，才将女儿寄来的书信打开。王安石的爱女嫁给现任宰相吴充的公子，现在留在京城汴梁，和江宁有千里之遥。只见信中有一首诗："西风不入小窗纱，秋气应怜我忆家。极目江南千里恨，依前和泪看黄花。"

王安石读罢，不胜唏嘘，然而隔了一会儿，他平息下心情，想到还是应该劝女儿更乐观一些，于是提笔在回信中写道：

孙陵西曲岸乌纱，知汝凄凉正忆家。

人世岂能无聚散，亦逢佳节且吹花。

吴夫人看他写完了给女儿的回信，说道："吕惠卿的母亲去世了，奔丧时要路过金陵，他托人传话，说是想要登门赔罪。"

王安石叹道："算了，这个人虽然曾经助过我，但是后来我终于认清了他的面目。如今我不再怨恨他，但也不想见他。你就和他说，安石已是衰老垂暮之年，一切恩怨已了，不如相忘于江湖。"

说罢，王安石一声长叹，趁着月色缓步出门，来到半山园北面的一个土堆前，传说这里是东晋谢安的故宅遗址，人们唤作谢安墩。那句"安石不出，奈苍生何"，就是说的谢安。

此时，明月如金钩一般挂在湛蓝的天幕上，四处静悄悄的，草丛中不知什么虫子在喓（yāo）喓鸣叫。王安石在夜风中伫立良久，吟道：

谢公陈迹自难追，山月淮云只往时。

一去可怜终不返，暮年垂泪对桓伊。

3

元丰五年（1082），西夏发生内乱，宋神宗以为可以趁此机会一举将其灭掉，于是派五路大军去讨伐，结果遭遇了永乐城大败。王安石听到这一消息，忧心如焚，不久就病倒了。

昏黄的油灯之下，吴夫人坐在床边不停地落泪。王安石已经昏睡两天多了，吴夫人一直守着他，终夜未能合眼。

突然，王安石醒转过来，他望了望床前的吴夫人，气若游丝地吩咐道："这半山园和周围置下的几百亩田地，都捐出去吧，半山园改为佛寺，田地充作寺产。"

吴夫人哽咽着说道："不要忙着嘱咐这些事，你还是安心养病吧。"

正在此时，忽听有人传报："相爷、夫人，皇帝派了宫中的御医来江宁，专程给相爷诊病。"

御医急匆匆入内，给王安石诊了脉后，摇头说："相公是急累攻心，加上外感风寒所致，本来并不难治，但相公年事已高，还需要小心调养。"

开了药方之后，御医又说道："相公住处离城较远，求医问药不太方便，还是移居城中为好。"

吴夫人点头道："也好，相公正要将此地捐为佛寺，我等就到城中赁一处院落居住吧。"

过了半月，王安石病情好转，于是举家搬到江宁城内的秦淮河畔居住。

4

元丰七年（1084）四月，树头花落，绿草如茵，苏轼从黄州改任到汝州，中途要路过江宁。他写信告知王安石，想要见上一面，谈论一下诗文。王安石知道后，早早就骑驴到江边迎候。

苏轼在舟中望见江边一个身着旧衣野服的老者，头戴斗笠，倚着驴子正在等候。他定睛一看，这竟然就是身为左仆射、观文殿大学士、荆国公的王安石。他急忙来到船头，深深一揖（yī），这才想起自己的帽子都忘了戴，身上也没有穿官服，当下抱歉地说："学生今日可失礼了，竟然衣冠不整来参见相公。"

元丰七年，苏轼路过江宁，拜会王安石。

王安石笑道："礼仪岂为我辈所设？我等都是不拘于礼法的人。"

苏轼也狡黠地一笑："是啊，学生玩世不恭，相公门下可不用我这样的人。"

王安石不禁沉吟起来，苏轼这样的人天真烂漫，直言无忌，却是一片赤诚之性，和吕惠卿那样的阴险小人绝对不同，当年我识人用人，是不是也有一点偏颇呢？

苏轼见王安石低头不语，当下转换话题，说道："不知相公近日得田园山林之乐，有没有绝佳的诗作？"

王安石笑道："我闲来无事，倒是写了几首小诗，嗯，这一首就是昨天刚写就的：茅檐长扫净无苔，花木成畦手自栽。一水护田将绿绕，两山排闼（tà）送青来。"

苏轼一听，击掌叫好："相公此诗，寻常字句中藏着典故。这'护田'和'排闼'，看似寻常字眼，却都是典故，不但都是典故，还都出自《汉书》。"（注："护田"出于《汉书·西域传》："自敦煌西至盐泽，往往起亭，而轮台渠犁，皆有田卒数百人，置使者校尉领护。"是讲汉代时开发西域，以驻军屯田的事情；而"排闼"出于《汉书·樊哙传》："黥布反时，高帝尝病，恶见人……哙乃排闼直入，大臣随之。"）

王安石听了，笑道："这首诗中的小心思，瞒得了别人，可瞒不了你，不过老夫早就听闻你在黄州写的《念奴娇·赤壁怀古》一词，真是横绝当世，气压百代啊！"

苏轼谦逊道："学生在黄州，也经常听人传唱相公的《桂枝香·金陵怀古》一阕：'千古凭高对此，谩嗟荣辱。六朝旧事随流水，但寒烟衰草凝绿……'"

两人说说笑笑，一起来到了王安石的宅院中闲坐。苏轼见王安石书案上墨迹斑斑，满是纸笺，四壁床前，书册狼藉，于是打趣道："相公如今还在攻书温经吗？难道还要再试科举？"

王安石笑道："老夫闲居无聊，正在整理一本书，叫作《字说》，我觉得先人造字，大有讲究，其中内外左右、邪正上下，各有深义，和伏羲八卦、文王周易也有相通之处，其中妙趣多多。"

苏轼翻看了几眼，便问道："学生自号'东坡'，这'坡'字如何解说？"

王安石说道："坡者，土之皮也。"

苏轼听了，拍手笑道："那'滑'字就是水之骨了？"

王安石不禁皱眉，心想这苏轼心思机敏，惯于挑刺，这还真不好解释。当下王安石说道："子瞻你聪明机敏，我对于'鸠'这个字研究了许久，这个字从'九'从'鸟'，有什么说道吗？"

苏轼笑了起来，有些调皮地说："《诗经》中说'鸤鸠在桑，其子七兮'，七只小鸟，和爹娘一起数来，恰是九个。"

王安石听了，不禁哑然失笑，说道："你这个人啊，就是喜欢开玩笑，没半点正经！"

苏轼叹道："学生吃这个亏也太多了，只不过积习难改。"

当下，两人又谈诗论禅。抛弃了政见的不同后，以文人身份交往的王安石和苏轼，渐渐心灵相通，彼此叹服。苏轼感叹："从公已觉十年迟。"王安石也叹息说："不知再过几百年，才能有苏子瞻这样杰出的文坛巨擘。"

送走了苏轼，江宁城迎来了暑热的夏季，王安石所居的小院中溽热难耐，只好命人织芦编竹、折松架栎来遮阳，仆人都感叹说："相公权重位尊，为何在此窄隘之地居住，我看城里的七品小官，都有水边亭榭乘凉……"

没等他说完，王安石摆手道："圣贤何常施，所遇有伸屈。曲士守一隅，欲以齐万物。况且我如今年高力微，不能为朝廷效力，还一直食国家俸禄，已是惭愧，岂能有他求乎？"

5

永乐城大败之后，宋神宗的精神受到巨大打击，虽然他年仅三十七岁，按说正在盛年，但因为心理压力过大，身体健康每况愈下。

元丰七年（1084）秋天，宋神宗正在举行一个大宴群臣的仪式。宋神宗举起酒杯，正要说些鼓舞群臣的勉励之语，忽然间身体一晃，手中端着的酒全洒在了龙袍上，接着口歪眼斜，晕厥过去。

慌得群臣们忙唤来御医诊治，御医皱眉道："皇上这是中风（脑血管疾病）之症，着实凶险，臣等无能，只能尽力而为。"

从此以后，宋神宗就缠绵于病榻之上，经常说不出话来。到了第二年（1085）的三月，宋神宗溘然长逝。其母高太后历经仁宗、英宗等朝，深有谋略，于是火速立他十岁的儿子赵煦为新皇帝，是为宋哲宗，朝中大事都是由高太后主持。

王安石在千里之外的江宁城，得知宋神宗去世的消息，心中涌起无穷的沉痛。此时他的眼前又浮现出当年宋神宗赵顼那张年轻又充满阳光和热情的脸，仿佛还在不断地追问："爱卿，治国之道，以何术为先？"

又想起他多次犯颜直谏，宋神宗总是虚心接纳；偶尔违拗了他的主张，身为九五之尊的宋神宗竟然有一些拘谨和愧疚的神情。

对于不断称疾罢工的他，宋神宗竟然多次劝慰："此非卿不能为朕推行，朕须以政事烦卿……"

甚至，宋神宗怕他猜疑自己不再受到信任，竟然发誓一般地说出这样的话："朕无间于卿，天日可鉴……"

想到这些，王安石不禁老泪纵横，提笔写下挽词：

> 城阙宫车转，山林隧路归。
>
> 苍梧云未远，姑射露先晞。
>
> 玉暗蛟龙蛰，金寒雁鹜飞。
>
> 老臣他日泪，湖海想遗衣。

王安石深知，他虽然罢相还乡，新法虽然屡经修补，只要宋神宗还在位，便能依旧维持推行；而宋神宗一驾崩，自己和皇帝辛劳多年的变法，必将毁于一旦！

果不其然，一贯反对新法的高太后执掌大权后，立刻召回了隐居多年的老臣司马光，新法的楼阁马上就被拆除：

元丰八年（1085）七月，废除保甲法。

十一月，罢方田均税法。

十二月，市易法与保马法也相继废除。

次年（1086）三月，罢免役法。

6

王安石听到自己辛辛苦苦实行的新法一条条被废止，不禁心如刀割，但他涵养极好，只是抚床长叹，并不出言评论。但听说免役法也要在五日之内废止后，他再也忍不住，一拳捶在书案上，愤然说："难道这一条也要废除吗？"

吴夫人见他神情激愤，脸如羃血，不禁劝道："相公，不在其位不谋其政，如今朝廷换了人，你想管也管不了，何必再动怒伤身呢？"

王安石还是气愤难平，说道："这免役法是我和皇上讨论了两年多才颁行的，所有的细节都考虑到了，没有什么弊病啊！"

说罢，王安石只觉胸中热血翻涌，一下子就昏倒在地。

元祐元年（1086）四月，又一个煦暖的春天来了，然而王安石却再也没有力气走进钟山，去细数落花，缓寻芳草，饱览这一年的春色了。怀着愁闷和失落的心情，王安石永远地合上了他的双眼，就此长眠在钟山脚下，终年六十五岁。

王安石
生平简表

● ◎宋真宗天禧五年（1021）

十一月十二日出生于临江军（今江西清江）。

● ◎宋仁宗明道二年（1033）

父亲王益因母丧回到抚州临川，王安石随行参加祖母的葬礼。

● ◎宋仁宗宝元二年（1039）

父亲王益在江宁（今江苏南京）任上去世，葬于江宁，王安石就此安家江宁。

● ◎ 宋仁宗庆历二年（1042）

登杨寘榜进士第四名，签书淮南判官。

● ◎ 宋仁宗庆历六年（1046）

自临川赴京，不求京官之职，知鄞县。

● ◎ 宋仁宗皇祐三年（1051）

通判舒州（今安徽潜山）。

● ◎ 宋仁宗至和元年（1054）

自舒州赴京，特授集贤校理，辞不受，九月除群牧司判官。

● ◎ 宋仁宗嘉祐二年（1057）

五月，改太常博士，知常州。

●◎宋仁宗嘉祐三年（1058）

二月，任提点江东刑狱。十月回京，任三司度支判官。

●◎宋仁宗嘉祐六年（1061）

为工部郎中、知制诰，纠察在京刑狱。

●◎宋仁宗嘉祐八年（1063）

三月，仁宗（赵祯）崩，英宗（赵曙）立。八月，母吴氏逝于京师，十月归葬江宁。

●◎宋英宗治平四年（1067）

正月，英宗崩，神宗（赵顼）立。诏以故官知江宁府。九月，召为翰林学士。

●◎宋神宗熙宁元年（1068）

四月，自江宁入京。神宗诏越次入对。

●◎宋神宗熙宁二年（1069）

二月，以谏议大夫参知政事。颁行均输法、青苗法、农田水利法等。

●◎宋神宗熙宁三年（1070）

拜同中书门下平章事、史馆大学士。立保甲法。

●◎宋神宗熙宁五年（1072）

行市易法、保马法。

●◎宋神宗熙宁六年（1073）

提举经义局。九月，熙河大捷，神宗解身上玉带赐之。

●◎宋神宗熙宁七年（1074）

三月，行方田均税法。四月，以吏部尚书、观文殿大学士出知江宁府，新法遭遇首次挫折。

● ◎ 宋神宗熙宁八年（1075）

二月，复拜同平章事、昭章馆大学士。六月，进加左仆射，兼门下侍郎。

● ◎ 宋神宗熙宁九年（1076）

六月，子雱卒。十月，罢为镇南军节度使、同平章事、判江宁府。回江宁隐居。

● ◎ 宋神宗元丰元年（1078）

正月，进尚书左仆射，封舒国公。

● ◎ 宋神宗元丰三年（1080）

九月，加特进尚书左仆射、门下侍郎，改封荆国公。

● ◎ 宋神宗元丰七年（1084）

乞以宅为寺，赐名"报宁"。

● ◎宋神宗元丰八年（1085）

三月，神宗崩，哲宗（赵煦）即位，高太后垂帘听政。新法先后废罢。

● ◎宋哲宗元祐元年（1086）

四月初六，病逝于江宁，赠太傅。